LE VAL-DES-BOIS

ET

SES INSTITUTIONS OUVRIÈRES

Le 21 Septembre 1890

PARIS

Au Secrétariat de l'ŒUVRE DES CERCLES CATHOLIQUES D'OUVRIERS

262, boulevard Saint-Germain, 262

——

1890

LE VAL-DES-BOIS

ET

SES INSTITUTIONS OUVRIÈRES

LE VAL-DES-BOIS

ET

SES INSTITUTIONS OUVRIÈRES

Le 21 Septembre 1890

PARIS

Au Secrétariat de l'ŒUVRE DES CERCLES CATHOLIQUES D'OUVRIERS

262, boulevard Saint-Germain, 262

———

1890

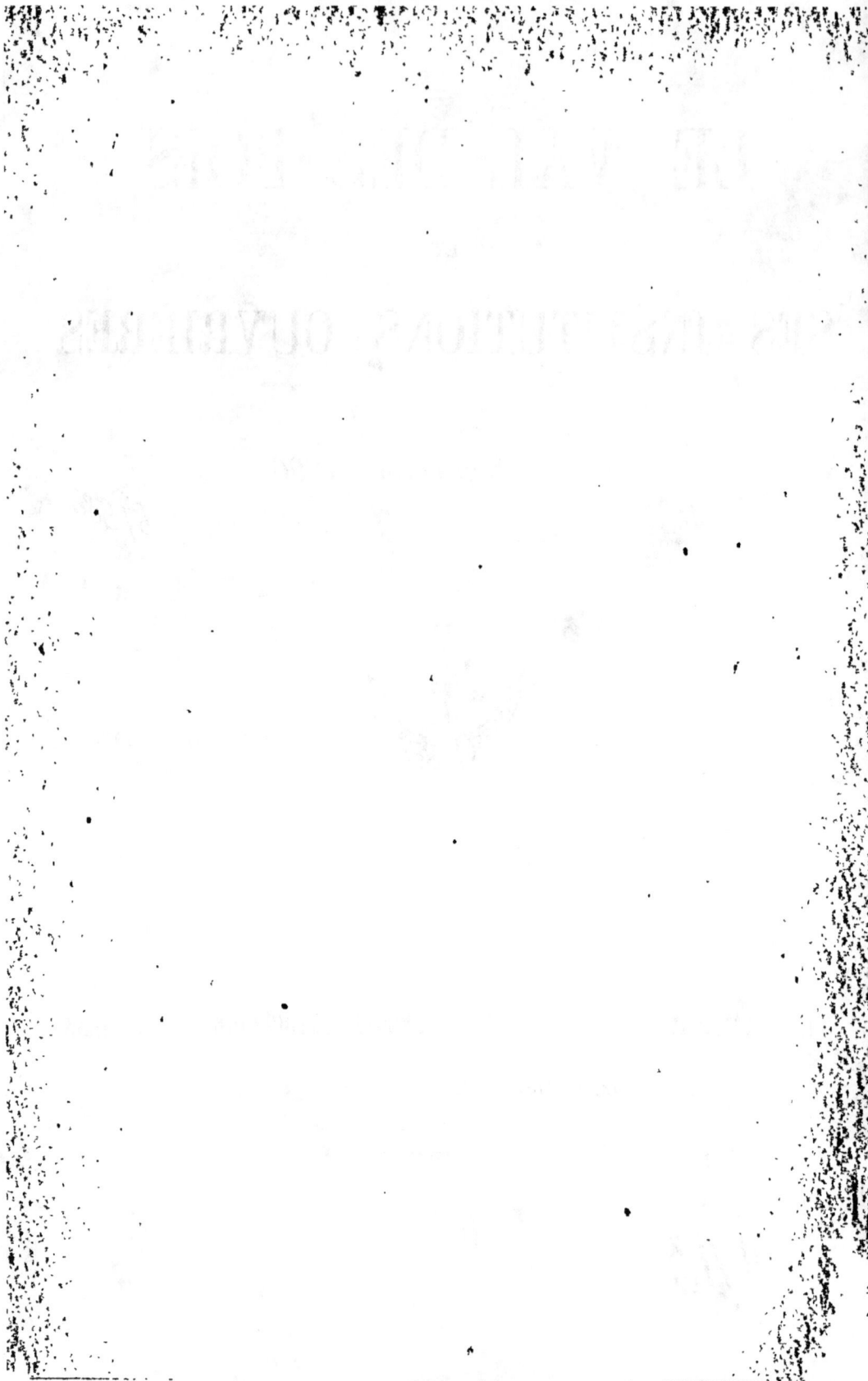

LE VAL-DES-BOIS

ET

SES INSTITUTIONS OUVRIÈRES [1]

La réforme chrétienne des ateliers préoccupe les meilleurs esprits. On se demande ce que l'initiative privée peut obtenir dans ces agglomérations ouvrières, qui paraissent si contraires à la famille, à la morale et à la prévoyance. On nous a réclamé dans ce but un résumé succinct des Institutions de notre usine. Nous avons essayé de répondre aux désirs exprimés.

Notre organisation s'est développée avec le temps ; nous ne prétendons pas qu'on doive essayer tout ce que nous avons tenté, ni que nous ayons réalisé tout ce qui est possible. Nous savons que d'autres ont fait davantage et

[1] Ces Notes ont été écrites à l'occasion de la visite de Mgr DOUTRELOUX, évêque de Liège, et de plusieurs directeurs d'œuvres, le 21 septembre 1890, fête de Notre-Dame de l'Usine.
Voir, pour un historique plus complet et des détails plus étendus, le *Manuel d'une Corporation chrétienne*, et pour les principes le *Catéchisme du Patron*. — Au Secrétariat de l'*Œuvre des Cercles catholiques d'Ouvriers*, 262, boulevard Saint-Germain, Paris.

mieux. Chacun choisira ce qui peut réussir dans son milieu.

Nous pensons devoir commencer par un court historique :

L'Usine du Val-des-Bois, fondée le 10 juin 1840, comprend le peignage de la laine, la teinture, la filature en cardé et en peigné, le retordage et la nouveauté (1). Elle est actionnée par la rivière *la Suippe* et par trois machines à vapeur développant ensemble une force de huit cents chevaux.

La maison Harmel date de 1797 ; elle a eu ses premières usines dans les Ardennes, où un de ses membres possède encore l'établissement de Boulzicourt.

Les générations qui se sont succédé n'ont eu qu'à suivre les traditions religieuses de leurs pères, et, dans leurs relations avec leurs ouvriers, les coutumes qui établissaient entre tous comme des liens de famille.

Monsieur Jacques-Joseph Harmel, qui a fondé le Val-des-Bois, s'est occupé de sa nouvelle population ; mais il s'est heurté à des difficultés presque insurmontables pour arriver au bien qu'il souhaitait. Une désunion profonde entre

(1) Des usines similaires très nombreuses existent dans la vallée ; on en compte une vingtaine dans un rayon de dix kilomètres.

ouvriers et patron interdisait à ce dernier toute
action efficace ; l'imprévoyance était naturelle
à ces classes laborieuses qui n'avaient plus ni
direction, ni tradition ; l'esprit d'isolement les
livrait aux influences intéressées des parasites
sociaux ; la matérialisation des âmes était le
triste fruit d'une déchristianisation générale
dans nos pays ; enfin, la désorganisation du
foyer avait trop souvent banni des familles le
respect, l'obéissance et la paix.

Après s'être dévoué pendant longtemps au
bien de ses ouvriers, il a dû reconnaître que
son action personnelle directe était non seulement difficile, mais sans résultat sérieux. Cependant, dès 1846, il avait établi une Société de
Secours mutuels, pour venir en aide aux malades et aux blessés ; il avait fondé une Société
de Musique, pour occuper les loisirs des jeunes
gens. Mais ces institutions n'étaient pas assez
puissantes pour réformer la famille. L'expérience lui démontra que sans la religion, qui
seule peut changer la volonté, il n'atteindrait
pas son but.

Le 2 février 1861, les Sœurs étaient instal-
lées pour l'école et commençaient aussitôt des
associations de jeunes filles. Bientôt, on com-
prit la nécessité d'avoir le concours des mères,
et l'Association de Sainte-Anne fut fondée. Les
Frères des Écoles chrétiennes ouvraient leurs
classes le 10 novembre 1863 et commençaient
à grouper leurs enfants. Le patron essaya de

former quelques hommes au dévouement, pour en faire les apôtres de leurs camarades. C'est ainsi que peu à peu, sans aucun dessein prémédité, nous avons été amenés à répartir en groupes différents les éléments de la famille : père, mère, fils, filles, enfants. Ces associations diverses ont plus tard été appelées *fondamentales*, parce que nous avons commencé par elles, et qu'elles sont restées la base de notre action. Elles sont à la fois familiales et apostoliques. Ceux qui ont les mêmes devoirs au foyer sont réunis ensemble et formés à l'accomplissement de leur mission spéciale dans la famille. L'action des ouvriers sur leurs camarades a été développée et favorisée ; c'est ce qu'on appelle *l'apostolat de l'ouvrier sur l'ouvrier*.

Par des organisations successives, gérées par les intéressés qui avaient à leur disposition les bienveillants avis du patron, on a cherché à rendre les travailleurs eux-mêmes les arbitres de leur destinée, à en faire les instruments de leur bien-être moral et matériel.

La hiérarchie n'a pas été supprimée, mais elle s'est fait plus sentir dans l'autorité secondaire que dans l'autorité principale, celle-ci se bornant à renseigner plutôt qu'à commander. Au fur et à mesure que nous sommes entrés dans cette voie, nous avons développé l'affection et la reconnaissance à l'égard d'une paternité qui s'était, pour ainsi dire, dépouillée de l'autorité pour ne conserver que l'amour. C'est ainsi que notre Père a été appelé du doux nom de *Bon Père*. Après sa mort (le 3 mars 1884), un de ses fils a été désigné pour reprendre ce titre par les ouvriers eux-mêmes, qui lui continuent l'affection vouée à son Père.

Pour faciliter l'esprit de famille, les logements et les cités ouvrières sont organisés de façon à ce que chacun ait sa liberté ; des jardins, attachés aux logements, permettent de récolter les principaux légumes ; ce sont là des éléments matériels de la paix et de l'aisance.

Nous avons lutté contre l'imprévoyance par les institutions économiques qui poussent au paiement comptant, par l'organisation des caisses d'épargne et du boni corporatif. Pour faire cesser l'isolement, si funeste aux individus, nous avons créé des associations multiples propres à développer l'esprit de solidarité dans toutes ses formes. Les mœurs actuelles nous ont tant éloignés de ces idées, essentiellement chrétiennes, qu'il faut une sorte d'apprentissage et d'éducation pour refaire des mœurs nouvelles. Les institutions établies dans notre temps, comme les assurances sur la vie, les sociétés de secours mutuels, etc., sont basées sur l'individualisme ; chacun a des droits fixés, non par ses besoins, mais par sa mise pécuniaire. La stricte justice peut être satisfaite, mais non pas la charité. Les anciennes corporations avaient résolu le problème, et soulageaient les misères de leurs membres, non seulement dans une mesure automatique, mais dans la mesure intelligente et miséricordieuse des besoins. Nous avons cherché à atteindre ce but dans notre Société de Secours mutuels, dans la Caisse de Prévoyance (pour les Retraites) et dans la Caisse de Famille. Les Conseils ouvriers, qui en sont chargés, ont une latitude qui leur permet de dépasser la loi des chiffres pour satisfaire la loi de la solidarité; ils peuvent donc s'intéresser davantage à une famille nombreuse et à des besoins plus pressants, sans qu'on puisse taxer d'arbitraires des mesures qui ne diminuent jamais les droits de la stricte justice.

La chapelle avec sa vie religieuse, où tous les évènements de famille trouvent leur affectueux écho; l'instruction par les catéchismes, les sermons et les conférences, appropriés à des auditoires spéciaux, élèvent les esprits au-dessus de la matière et rappellent au travailleur ses destinées éternelles. En même temps, les diverses confréries offrent un aliment aux besoins des âmes. Des fêtes commencées à l'église, et continuées dans les lieux de réunion pour se prolonger ensuite dans les foyers, émeuvent doucement le cœur et l'imagination. Nous les avons multipliées afin de renouveler la joie et l'enthousiasme, si nécessaires aux populations courbées sur un travail monotone et constant.

Ces Notes permettront au lecteur de passer

en revue rapidement la multiple organisation qui est résultée de tous ces efforts. Nous diviserons ce travail en quatre parties :

I. — *Les Associations fondamentales.*

II. — *Les Institutions corporatives et économiques.*

III. — *Les Sociétés de préservation morale.*

IV. — *Les Œuvres de piété.*

Nous avons appliqué, partout où nous l'avons pu, les règles de l'*Œuvre des Cercles catholiques d'Ouvriers* (262, boulevard Saint-Germain, à Paris). Nous sommes heureux d'appartenir à cette œuvre. Nous lui devons tous, une grande reconnaissance, car elle a produit, sur le terrain social, l'effort le plus considérable de notre temps pour le relèvement de la patrie. Les études qu'elle a conduites hardiment dans un domaine où l'erreur régnait en maîtresse, et l'expérience qui est résultée de ses fondations multiples, nous ont beaucoup servi dans l'établissement de notre Corporation.

Nous appelons *Corporation* l'association religieuse et économique formée entre les familles des patrons et des ouvriers. C'est d'elle que ressortent toutes les institutions, religieuses, économiques et autres. Elle est gouvernée par un Comité qui suscite l'initiative ouvrière. Elle est parfaitement homogène sous le rapport professionnel. L'union des maîtres et des ouvriers y est manifestée par la présence des divers membres de la famille des patrons dans les associations, par la pratique religieuse commune dans la chapelle, et par la participation aux mêmes institutions économiques.

Notre Comité a été affilié à l'*Œuvre des Cercles* en 1873. Nous expliquerons tout d'abord son fonctionnement, pour bien faire comprendre comment il est l'initiateur de notre organisation et le gardien de nos règles.

COMITÉ

(Article 3 des Règlements intérieurs.)

Réunions le vendredi, à 1 h. 1/2 du soir.

Le BON PÈRE, *Président.*
HARMEL Félix, *Vice-Président.*
R. P. AUMÔNIER, *Secrétaire général, Chef de la 4ᵉ Section.*
PILARDEAU Émile, *Secrétaire, Direction des Écoles.*
HARMEL Léon, *Vice-Secrétaire.*
HARMEL Maurice, *Directeur général des Institutions professionnelles.*
HARMEL Jules, *Chef de la 1ʳᵉ Section.*
BUREAU Georges, *1ʳᵉ Section.*
R. P. BENOIT, *Chef de la 2ᵉ Section.*
CHER FRÈRE DIRECTEUR, *2ᵉ Section.*
HARMEL Albert, *2ᵉ Section.*
HARMEL Alphonse, *2ᵉ Section.*
AULNER Léon, *2ᵉ Section.*
GODFROY Alexandre, *Trésorier, Chef de la 3ᵉ Section.*
REIMBEAU Émile, *Secrétariat du Peuple.*
TERNEAUX Florentin, *Chef du Contrôle.*
CHAMPION François, *Réglementaire.*

Le Comité remplit à l'égard de la Corporation tout entière le rôle du Directeur par rapport à son OEuvre. Il veille à la marche des rouages, à la continuité des efforts; il stimule les initiatives avec discrétion, mais avec persévérance, soit en écartant les obstacles qui entravent la liberté du bien, soit en maintenant l'autonomie générale de la Corporation, sans restreindre la liberté d'action de chacun des groupements.

Il est formé des patrons et des auxiliaires qu'ils choisissent; il se réunit le vendredi de chaque semaine, à une heure et demie de l'après-midi.

Le *Président* et le *Vice-Président* veillent à l'observation des règles et des coutumes.

Le *Secrétaire général* prépare le travail, avant les séances, avec les chefs de Section. Chaque Section fait appel à quelques auxiliaires pris en dehors du Comité dont ils deviennent la pépinière; on produit ainsi un travail collectif plus étudié. Un rapport hebdomadaire sur une partie des attributions du Comité permet de passer tout en revue une fois par mois.

Le *Secrétaire* fait les procès-verbaux. Il a un questionnaire permettant au Comité de porter son attention sur tous les points utiles. Il en lit une partie à chaque séance.

Le *Chef de la 1re Section* rend compte des voyages du Bon Père et des autres membres de la famille, du mouvement social au dehors, spécialement dans les usines. Il fournit ainsi des exemples à imiter, en même temps que des encouragements.

La *2e Section* s'intéresse des associations et des institutions de la Corporation, et de la discipline chrétienne dans l'usine. Les sept Associations fondamentales sont passées en revue, à chaque séance, avec les chiffres de présence aux diverses réunions ou exercices.

Le *Trésorier, Chef de la 3e Section*, donne le détail des comptes préparés par la commission de comptabilité générale. Le Comité a ainsi des vues d'ensemble sur la situation pécuniaire de toutes les institutions. Cette Section s'occupe aussi du *Secrétariat du Peuple* concernant les services à rendre aux ouvriers.

La *4e Section* a dans son domaine l'enseignement religieux, les conférences, les retraites ouvrières à Braisne, les fêtes religieuses à la chapelle, et les séminaires.

La *Direction des écoles* s'intéresse de l'asile, des classes chez les Frères et chez les Sœurs, des leçons professionnelles aux garçons et aux filles. Elle se rend compte de la division et de l'emploi du temps des élèves, des méthodes d'enseignement, des examens, des résultats obtenus. Son chef se sert des commissaires de la Société de Secours mutuels pour voir les parents négligents et stimuler les enfants indolents.

Le *Chef du Contrôle* donne connaissance des procès-verbaux des Conseils ouvriers qui ont dû avoir lieu dans la semaine (environ dix-huit à vingt); au moyen des signatures, il est facile de constater les présences. Toute l'attention du Comité est donnée à l'exactitude des Conseils, seule garantie vraiment sérieuse de la bonne marche et de la persévérance de nos institutions. Si un Conseil a été omis, soit complètement, soit par insuffisance de présences, son secrétaire est prévenu; en cas de récidive, un des patrons y voit lui-même.

Le *Réglementaire* est le gardien des traditions. On a établi des coutumiers résultant, non de règles *a priori*, mais de l'expérience des années. La Corporation dans son ensemble, comme chaque association ou institution en particulier, a sa tradition fixée par écrit; le *Réglementaire* a la charge d'y ramener chacun. Pour cela, il établit à l'avance les coutumiers des fêtes et des Conseils du mois (1) et les fait afficher dans les salles de réunions.

(1) Voici comme exemple le *Coutumier des Conseils* pendant le mois de Septembre 1890 :

1er. Lundi.

B.—	Petit Cercle	6 h. 1/2,	chez les Frères.
D.—	Association de Sainte-Anne.	2 h. 1/2,	chez les Sœurs.
U.—	Musique instrumentale	6 h. 1/2,	bureau de M. Félix.
AA.—	Société de tir	6 h. 1/2,	salle des Conseils.

2. Mardi.

A.—	Conseil intérieur	6 h. 1/2,	bureau du Bon Père.
E.—	Chanteuses.	6 h. 1/2,	chez Mme Félix.
F.—	Saints-Anges	6 h. 1/2,	chez les Sœurs.

3. Mercredi.

K.—	Société de Secours	6 h. 1/2,	salle des Conseils.
Z.—	Dramatique	6 h. 1/2,	chez le P. Aumônier.
AE.—	Notre-Dame de l'Usine	6 h. 1/2,	bureau particulier.

4. Jeudi.

C.—	Saint-Louis de Gonzague	11 h.,	chez les Frères.
E.—	Enfants de Marie. Jeux	2 h.,	chez les Sœurs.
L.—	Société anonyme	6 h. 1/2,	bureau de M. Félix.
P.—	Hôtellerie.	6 h. 1/2,	salle des Conseils.
AC.—	Saint-Sacrement	6 h. 1/2,	bureau particulier.
AD.—	Tiers-Ordre	1 h. 1/2,	bureau particulier.

5. Vendredi.

	Comité	1 h. 1/2,	bureau particulier.
D.—	Dames patronnesses	2 h. 1/2,	chez le Bon Père.
I.—	Conseil professionnel	6 h. 1/2,	bureau particulier.

A chaque séance, il donne lecture de ce qui doit se faire la quinzaine suivante.

Enfin, le Comité examine les divers projets qui lui sont soumis; s'il ne peut décider immédiatement, il les fait

V.—	Chorale.............	6 h. 1/2,	bureau de M. Félix.
	6. Samedi.		
O.—	Consommations............	6 h. 1/2,	salle des Conseils.
	7. Dimanche.		
AB.—	Conf. de St-Vincent de Paul.	ap. la messe,	salle des Conseils.
G.—	Sainte-Philomène..........	4 h. 1/2,	chez les Sœurs.
	8. Lundi.		
B.—	Petit Cercle...............	6 h. 1/2,	chez les Frères.
C.—	St-Louis de Gonzag. Comité.	1 h. 1/2,	bureau particulier.
S.—	Société de Jeunesse.........	6 h. 1/2,	salle des Conseils.
	9. Mardi.		
A.—	Conseil intérieur...........	6 h. 1/2,	bureau du Bon Père.
E.—	Conseillères d'atelier........	2 h. 1/2,	bureau particulier.
F.—	Saints-Anges...............	6 h. 1/2,	chez les Sœurs.
	10. Mercredi.		
Q.—	Fournisseurs privilégiés.....	6 h. 1/2,	bureau de M. Félix.
Y.—	Gymnastique...............	6 h. 1/2,	salle des Conseils.
AG.—	Confrérie de Saint-Joseph..	6 h. 1/2,	bureau particulier.
	11. Jeudi.		
C.—	Saint-Louis de Gonzague...	11 h.,	chez les Frères.
E.—	Enfants de Marie. Jeux......	2 h.,	chez les Sœurs.
J.—	Pompiers..................	6 h. 1/2,	salle des Conseils.
R.—	Commission de Comptabilité.	6 h. 1/2,	bureau particulier.
AH.—	Apostolat de la Prière.......	6 h. 1/2,	chez le P. Aumônier.
	12. Vendredi.		
	Comité.............	1 h. 1/2,	bureau particulier.
D.—	Dames patronnesses........	2 h. 1/2,	chez le Bon Père.
D.—	Tiers-Ordre. Femmes	2 h. 1/4,	chez Mme Maurice.
N.—	Achats directs..............	6 h. 1/2,	bureau particulier.
X.—	Symphonie................	6 h. 1/2,	bureau de M. Félix.
	13. Samedi.		
M.—	Boucherie.................	6 h. 1/2,	bureau particulier.
	14. Dimanche.		
F.—	Saints-Anges. Cons. mensuel.	2 h.,	chez les Sœurs.
G.—	Sainte-Philomène......	4 h. 1/2,	chez les Sœurs.
AB.—	Conf. de St-Vincent de Paul.	ap. la messe,	salle des Conseils.
	15. Lundi.		
B.—	Petit Cercle...............	6 h. 1/2,	chez les Frères.
D.—	Association de Sainte-Anne..	2 h. 1/2,	chez Mme Jules.
U.—	Musique instrumentale.......	6 h. 1/2,	bureau de M. Félix.
	16. Mardi.		
A.—	Conseil intérieur...........	6 h. 1/2,	bureau du Bon Père.
F.—	Saints-Anges.............	6 h. 1/2,	chez les Sœurs.

étudier par une commission. Il a donc la double mission de sanctionner les initiatives et de maintenir les coutumes et les règles qui sont, dans les œuvres, des garanties nécessaires de prospérité.

17. Mercredi.

K.—	Société de Secours	6 h. 1/2,	salle des Conseils.

18. Jeudi.

C.—	Saint-Louis de Gonzague	11 h.,	chez les Frères.
E.—	Enfants de Marie. Jeux	2 h.,	chez les Sœurs.
H.—	Conseil syndical	6 h. 1/2,	bureau du Bon Père.

19. Vendredi.

	Comité	2 h. 1/2,	bureau particulier.
D.—	Dames patronnesses	2 h. 1/2,	chez le Bon Père.
I.—	Conseil professionnel	6 h. 1/2,	bureau particulier.

20. Samedi.

O.—	Consommations	6 h. 1/2,	salle des Conseils.

21. Dimanche.

G.—	Sainte-Philomène	4 h. 1/2,	chez les Sœurs.
AB.—	Conf. de St-Vincent de Paul.	ap. la messe,	salle des Conseils.
AH.—	Ligue des retraitants	ap. la basse,	sacristie.

22. Lundi.

B.—	Petit Cercle	6 h. 1/2,	chez les Frères.
S.—	Société de Jeunesse	6 h. 1/2,	salle des Conseils.

23. Mardi.

A.—	Conseil intérieur	6 h. 1/2,	bureau du Bon Père.
F.—	Saints-Anges	6 h. 1/2,	chez les Sœurs.

24. Mercredi.

Q.—	Fournisseurs privilégiés	6 h. 1/2,	bureau de M. Félix.
Y.—	Gymnastique	6 h. 1/2,	salle des Conseils.
AF.—	Rosaire	6 h. 1/2,	bureau particulier.

25. Jeudi.

C.—	Saint-Louis de Gonzague	11 h.,	chez les Frères.
E.—	Enfants de Marie. Jeux	2 h.,	chez les Sœurs.
T.—	Bonnes lectures	6 h. 1/2,	bureau particulier.

26. Vendredi.

	Comité	1 h. 1/2,	bureau particulier.
D.—	Dames patronnesses	2 h. 1/2,	chez le Bon Père.
N.—	Achats directs	6 h. 1/2,	bureau particulier.

28. Dimanche.

E.—	Enfants de Marie. Cons. mens.	2 h.,	chez les Sœurs.
G.—	Sainte-Philomène	4 h. 1/2,	chez les Sœurs.
AB.—	Conf. de St-Vincent de Paul.	ap. la messe,	salle des Conseils.

29. Lundi.

B.—	Petit Cercle	6 h. 1/2,	chez les Frères.

30. Mardi.

A.—	Conseil intérieur	6 h. 1/2,	bureau du Bon Père.
F.—	Saints-Anges	6 h. 1/2,	chez les Sœurs.

ASSOCIATIONS FONDAMENTALES

———

Article premier des Règlements intérieurs.

« Si les corporations ont affranchi le monde du travail, et ont procuré aux gens de métier l'aide mutuelle et une fraternité véritable, inconnue à notre époque, c'est parce qu'elles étaient basées sur la confrérie ou association religieuse. En effet, l'équitable répartition des intérêts ne peut être assurée que par l'esprit chrétien qui fait éviter l'injustice et enseigne la charité, c'est à dire le dévouement pour les autres.

« C'est pourquoi notre Corporation est basée sur les associations religieuses, que nous appelons fondamentales. Elle ne cesse pas pour cela d'avoir exclusivement pour objet l'étude et la défense des intérêts économiques, industriels et commerciaux, selon l'esprit de la loi de 1884. »

Article deuxième des Règlements intérieurs.

« Les Associations fondamentales sont :

« **A.** — Association d'hommes au-dessus de dix-sept ans, sous le patronage de saint Joseph. Réunion du Conseil le mardi, à six heures et demie du soir;

« **B.** — Association de jeunes gens depuis la première communion jusqu'à l'âge de dix-sept ans. Réunion du Conseil le lundi, à six heures et demie du soir;

« C. — Association de Saint-Louis de Gonzague pour les garçons avant la première communion. Réunion du Conseil le jeudi, à onze heures du matin;

« D. — Association de Sainte-Anne pour les mères de famille. Réunion du Conseil les premier et troisième lundis du mois, à deux heures et demie du soir;

« E. — Association des Enfants de Marie, jeunes filles depuis l'âge de quinze ans jusqu'au mariage. Réunion du Conseil le jeudi, à deux heures du soir, et le dernier dimanche de chaque mois;

« F. — Association des Saints-Anges, jeunes filles depuis la première communion jusqu'à l'âge de quinze ans. Réunion du Conseil le mardi, à six heures et demie du soir, et le deuxième dimanche du mois;

« G. — Association de Sainte-Philomène, petites filles avant la première communion. Réunion du Conseil le dimanche, à quatre heures et demie.

« Les membres de ces diverses Associations faisant tous partie de la Corporation ou Syndicat mixte, constituée au Val-des-Bois le 2 août 1885, jouissent du droit de réunion, aux termes de la loi du 21 mars 1884. »

Les admissions sont faites ou proclamées à la chapelle.
Trois Frères sont directeurs des trois Associations d'hommes. Les Sœurs sont directrices des Associations de jeunes filles et de mères.
Les sept Conseils ouvriers, nommés par leurs pairs pour une durée illimitée, gouvernent les Associations au moyen de séances périodiques qui sont toujours commencées et terminées par une courte prière.
Le Directeur (ou la Directrice) assiste au Conseil. Sa fonction est de stimuler l'initiative personnelle de chacun, en louant le zèle, en facilitant les résultats, et en inspirant discrètement les moyens.

L'action des Conseillers est essentiellement apostolique ; elle n'a jamais d'effet disciplinaire. L'affection conquise par les services rendus est la seule base de leur influence. Des observations amicales, et au besoin la radiation du tableau des Sociétaires, qui entraine la sortie de la Corporation, sont les seules sanctions, sans qu'elles aient de contre-coup sur la situation professionnelle des individus dans l'usine.

Les Associations fondamentales étant la base nécessaire de toute l'organisation, économique et autre, nous avons dû poser des principes pour établir nettement les droits d'une famille aux bienfaits de tous genres que présentent les diverses institutions. L'homme fait étant le plus important à gagner, son entrée dans l'Association suffit pour que la famille entière jouisse des avantages de la Corporation ; quand il n'y a ni père ni jeune homme au-dessus de dix-sept ans, c'est la jeune fille qui a ce privilège ; et enfin la mère suffit là où les deux éléments n'existent pas. La Société de Secours mutuels est la seule dont tout le monde fasse partie sans condition.

A — ASSOCIATION D'HOMMES

(Article 2, paragraphe A, des Règlements intérieurs.)

CONSEIL INTÉRIEUR

Réunion le mardi, à 6 h. 1/2 du soir.

Le Bon Père, *Président d'honneur.*
Harmel Félix, *Vice-Président d'honneur.*
R. P. Aumônier.
Le Cher Frère Guy, *Directeur.*
Champion François, *Président.*

    Y. — Gymnastique.
    AF. — Saint-Rosaire.
    Chapelle.
    Relations avec les Sociétaires absents.

Varlet François, *Vice-Président.*

    O. — Consommations.
    Atelier des fileurs en cardé.

Sonnet Ferdinand, *Secrétaire.*

    V. — Chorale.
    X. — Symphonie.
    AA. — Société de Tir.

Gentilhomme François, *Vice-Secrétaire.*

    C. — Saint-Louis de Gonzague.
    K. — Société de Secours mutuels.
    M. — Boucherie.
    AB. — Conférence de Saint-Vincent de Paul.
    AC. — Confrérie du Saint-Sacrement.
    Réunion des candidats.

Esqui Émile, *Trésorier-Adjoint.*

    R. — Commission de Comptabilité générale.
    Atelier des fileurs en peigné.

JOLIVET Alfred.

> **I.** — Conseil professionnel.
> **T.** — Section de bonnes lectures.
> **U.** — Musique instrumentale.
> **AH.** — Apostolat de la Prière.
> Ateliers de réparations et moteurs.
> Nouveaux ouvriers.

CHARLIER Jules.

> **B.** — Petit Cercle.
> **J.** — Pompiers.
> Atelier de teinturerie.

SCHERRER Charles.

> **L.** — Société anonyme coopérative.
> Atelier de préparation en peigne.

GÉRARD Joseph.

> **AE.** — Confrérie de Nôtre-Dame de l'Usine.
> Cours et manœuvres.

DUFOUR Augustin.

> **N.** — Achats directs.

COURTOIS Ernest, *Commissaire des jeux.*

> **P.** — Hôtellerie.
> **S.** — Société de Jeunesse.
> **Z.** — Section dramatique.

LECOQ Léandre, *chargé des consommations.*

> **Q.** — Fournisseurs privilégiés.
> **AG.** — Confrérie de saint-Joseph.

Fondée le 28 avril 1867, avec 37 adhérents réunis après plusieurs années d'efforts, l'Association d'hommes, placée sous le patronage de saint Joseph, comprend actuellement 289 membres actifs et 18 candidats au-dessus de dix-sept ans.

C'était tout d'abord un Cercle catholique d'ouvriers. Depuis le 2 août 1885, le Cercle n'existe plus; il a été remplacé par le Syndicat mixte légalement constitué, dont les membres de l'Association d'hommes font partie.

Leurs réunions, en semaine le soir, et le dimanche toute la journée, sauf les heures d'offices, dans les salles;

du Syndicat, sont donc sous le régime de la loi du 21 mars 1884.

Les billards et jeux de toutes sortes ont pour but de soustraire les hommes à l'influence pernicieuse des cabarets. Pour le malheur des familles, on a multiplié d'une façon illimitée ces établissements dont la fortune est basée sur l'exploitation des vices et sur la dilapidation des salaires. Les heures de clôture, reculées indéfiniment, ont aggravé la situation. Nous avons considéré comme un de nos plus pressants devoirs de tout mettre en œuvre pour écarter ces dangers de notre population.

La réunion mensuelle se tient le premier dimanche; on y entend le compte rendu du mois, les détails sur une ou plusieurs institutions, et une conférence sur l'histoire de l'Église au point de vue social, ou sur un autre sujet intéressant et utile, comme les questions d'assurances, de placement de fonds, d'hygiène populaire.

Des exercices spéciaux aux hommes ont lieu à la chapelle, pour la retraite pascale et pour la retraite de la Toussaint. Nous avons quatre communions générales par année : au temps pascal, à l'Assomption, à la Toussaint et à Noël; quatre communions extraordinaires : au Patronage de saint Joseph, au Sacré Cœur, patron de la chapelle et de l'usine, à Notre-Dame de l'Usine, au dimanche des Quarante-Heures; enfin, des communions réparatrices et de confréries.

Pour les exercices quotidiens des mois de saint Joseph, de Marie, du Sacré Cœur et du Rosaire, les hommes de chaque atelier ont leur jour spécial. Lundi : nouveauté, petit magasin, emballage; mardi : cardé, cardes, dégraissage; mercredi : peigné; jeudi : teinture, continus; vendredi : manœuvres, chauffeurs, menuiserie, atelier de réparation; samedi : employés. Un certain nombre sont fidèles chaque jour, mais tous tiennent à leur jour particulier.

La fête de l'Association est célébrée très solennellement le troisième dimanche après Pâques (Patronage de saint Joseph). Il y a le matin messe de communion, puis grand'messe en musique, gâteau et rafraichissements dans les salles du Syndicat, assemblée annuelle avec rapports sur les diverses institutions; le soir, procession de Saint-Joseph avec musique instrumentale dans les cours et dans l'usine même.

Cette Association forme comme le tronc de la Corporation, dont les autres Associations sont les branches. Par les institutions professionnelles, religieuses, économiques et autres, les désirs légitimes, les intérêts du corps et de l'âme trouvent une protection bienfaisante.

L'expérience démontre combien il est nécessaire de s'occuper des jeunes gens d'une façon spéciale. C'est pourquoi nous avons établi, dans l'Association d'hommes, une section appelée Société de Jeunesse, dont nous parlerons plus loin.

Le *Conseil intérieur* est nommé à la majorité absolue des votants, un jour de réunion générale, et pour une durée illimitée. Il tient ses séances hebdomadaires le mardi soir. Il reçoit les nouveaux membres; au besoin, il avertit et exclut ceux qui se rendent indignes. Il nomme les Conseils secondaires, ou sanctionne les élections faites par une catégorie de sociétaires (musiciens, jeunesse, etc.). En outre, un de ses membres est délégué officiellement près de chacun d'eux; il maintient ainsi l'union nécessaire dans une organisation multiple comme la nôtre, où l'esprit de division, auquel nous sommes enclins, pourrait faire tant de ravages. Par ce moyen, le Patron ainsi que l'Aumônier, qui assistent aux séances, peuvent chaque semaine se rendre compte du fonctionnement des institutions en interrogeant les Conseillers sur la marche des Conseils secondaires. Le rôle spécial du Conseil intérieur, dans les Conseils secondaires, est de maintenir l'esprit chrétien partout et toujours.

B — PETIT CERCLE

(Article 2, paragraphe B, des Règlements intérieurs.)

CONSEIL

Réunion le jeudi, à 6 h. 1/2 du soir.

R. P. AUMÔNIER.
FRÈRE de la PREMIÈRE CLASSE, *Directeur.*
CHARLIER Jules, *Délégué de l'Association d'hommes.*
MAILIER Julien, *Président et Secrétaire.*
NICOLAS Joseph.
ANTOINE Léopold.
GEORGELET Eugène.
GUYARDEL Léon.
HUYETTE Remy, *Délégué à la Musique.*
LADAME Charles.
LIÉGEOIS Auguste.

PETITE CONFÉRENCE DE SAINT-VINCENT DE PAUL

Réunions hebdomadaires.

R. P. AUMÔNIER, *Directeur.*
GUILLOTEAU Hyacinthe, *Président.*
LADAME Charles.
MAILIER Julien, *Conseil.*
NICOLAS Joseph.
PECK Alfred.
PECK Emile.

PUPILLES DES SOCIÉTÉS DE GYMNASTIQUE ET DE MUSIQUE

Réunions mensuelles.

PECK Alfred.
LIÉGEOIS Jean-Baptiste.
HUYETTE Remi, *Conseil.*

Le Petit Cercle (fondé le 21 novembre 1872) réunit

65 jeunes gens, depuis la première communion jusqu'à dix-sept ans.

Ceux qui travaillent à l'usine ont tous les jours une heure d'école, une fois par semaine catéchisme et leçon de chant; ceux qui fréquentent l'école permanente assistent tous les jours à la messe. Tous suivent la retraite pascale des hommes; en outre, une retraite spéciale leur est donnée par le prédicateur de la première communion.

Les communions mensuelles sont générales; la communion du premier vendredi et les communions réparatrices réunissent les plus pieux.

Le patron du Petit Cercle est le bienheureux Jean-Baptiste de La Salle, dont on célèbre la fête le dimanche qui suit le 4 mai : triduum préparatoire. communion générale, promenade et goûter.

Le dimanche, dans leurs cours et locaux spéciaux, il y a des jeux divers, des leçons de gymnastique et de musique; aussi souvent qu'on le peut, on fait des promenades dans les bois; quatre fois par an, des ventes d'assiduité récompensent les billets de présence.

La petite Conférence visite les pauvres qui lui sont indiqués par la grande Conférence.

Les pupilles de la Société de Gymnastique et ceux de la Société de Musique prennent des leçons en semaine et le dimanche, de façon à préparer des recrues déjà formées pour ces deux Sociétés. Mais il est absolument interdit aux pupilles d'avoir des réunions ou des sorties communes avec leurs aînés avant l'âge de seize ans. La nécessité de cette prescription a été reconnue par l'expérience.

Le Conseil se réunit tous les lundis, à six heures et demie du soir. Les Conseillers s'efforcent d'exercer, auprès de leurs camarades, un apostolat approprié à leur âge. Ils sont également chargés de diriger les jeux du dimanche, chacun selon leurs aptitudes.

C. — ASSOCIATION
DE SAINT-LOUIS DE GONZAGUE
(Article 2, paragraphe C, des Règlements intérieurs.)

COMITÉ
Réunions mensuelles.

R. P. AUMÔNIER, *Président.*
AULNER Léon, *Vice-Président.*
FRÈRE de la SECONDE CLASSE, *Directeur.*
MARTIN Jules, *Secrétaire.*
GENTILHOMME François, *Délégué de l'Association d'hommes.*
LABBÉ Henri.
GENDARME Justin.
SAUCOURT Pierre.
SAUCOURT Jean.
SAUCOURT André.

CONSEIL
Réunion le jeudi, à 11 heures.

FRÈRE de la SECONDE CLASSE, *Directeur.*
EVRARD Justin, *Président et Secrétaire.*
ALACOQUE Jean.
CHAMPION Léon.
GLATIGNY Louis.
JOLIVET Victor.
JUPIN Philogène.
LALLEMAND Jules.
LONGUEVILLE Emile.
VIÉVILLE Clovis.

Le *Comité* est principalement composé de jeunes gens qui, à tour de rôle, le dimanche, prêtent leur concours pour amuser les enfants.

L'Association de Saint-Louis de Gonzague comprend

les garçons depuis l'âge de sept ans jusqu'à la première communion. Elle a pour but de former de bonne heure aux habitudes d'association et d'en faire comprendre les bienfaits. Elle a été fondée seulement en 1872. Elle compte actuellement 71 membres, tous écoliers, répartis dans trois classes tenues par les Frères des Écoles chrétiennes. (Les Frères ont été installés dans l'usine le 10 novembre 1863.) Les enfants assistent chaque jour à la messe de sept heures; un certain nombre font la visite au Saint Sacrement, à la sortie des classes.

Le dimanche, les réunions et les jeux ont lieu sous la direction du Frère de la seconde classe, avec le concours des membres du Comité.

Les Dames patronnesses leur fournissent des jeux et organisent quatre fois par an des ventes d'assiduité.

Le Conseil se réunit le jeudi, à onze heures; il a pour objet l'apostolat individuel sur les camarades, et l'entrain à mettre dans les récréations et promenades.

D — ASSOCIATION DE SAINTE-ANNE

(Article 2, paragraphe D, des Règlements intérieurs.)

DAMES PATRONNESSES

Réunions le vendredi, à 2 h. 1/2 du soir.

MM^{mes}

Jules HARMEL, *Association de Sainte-Anne.*
Paul SAUCOURT, *Jeunes Mères.*
REIMBEAU, *Ouvroir.*
Georges BUREAU, *Réunion de Charité.*
Maurice HARMEL, *Chapelle.*
Félix HARMEL, *Écoles.*

Les Dames patronnesses de l'Association de Sainte-Anne tiennent leurs séances le vendredi. Les rapports sont faits verbalement par chacune des Dames sur l'objet de sa responsabilité spéciale : le premier vendredi, sur l'Association de Sainte-Anne et les Jeunes Mères; le second, sur les comptes de l'Ouvroir et de la Réunion de Charité; le troisième, sur les comptes de la Chapelle; le quatrième, sur la situation des Écoles. Les Dames sont ainsi tenues au courant chaque mois de tout ce qui les concerne.

La *Réunion de Charité* a lieu le vendredi, à deux heures et demie. Elle a pour but de secourir les pauvres et de visiter les malades. Elle se tient en relations avec la Conférence de Saint-Vincent de Paul, dont le procès-verbal lui est remis chaque semaine, afin de ne pas faire double emploi dans les secours à une même famille. Les Dames s'occupent spécialement de ce qui concerne les jeunes mères et les femmes veuves.

CONSEIL

Réunions les 1er et 3e lundis du mois, à 2 h. 1/2.

MM^{mes}

La Sœur SUPÉRIEURE, *Directrice*.
Jules HARMEL, *Présidente patronnesse*.
GILMAIRE, *Présidente ouvrière*, cour de l'Usine.
ANDRY-LIÉBERT, *Secrétaire*, quartier des Censes.
AULNER, lavoir à eau chaude.
DÉROCHE, quartier du Pont.
ESQUI, cités Saint-Paul et Saint-Jacques.
FÉRY-NINET, chemin de Rethel.
GÉNISSON, quartier des Sœurs.
MAILIER, quartier des Censes.
MANGIN, quartier de la rue Camus.
SAMBUCCCI, le haut du Village.
SCHERBER, les Marais.
SCHMIDT-GLATIGNY, le Pré et Malakoff.
URBAN, Grande-Rue.

L'Association de Sainte-Anne a pour but de grouper les mères pour leur propre sanctification et celle de leurs familles. Fondée le 10 février 1868, elle est affiliée à l'Archiconfrérie de Notre-Dame de Sion, à Paris. Elle comprend environ 220 femmes, mariées ou veuves.

La réunion de l'Association a lieu le premier lundi du mois, chez les Sœurs. On y donne tout d'abord quelques explications sur une institution économique déjà établie ou en projet, car la Corporation ne tente rien sans avoir au préalable l'assentiment des mères de famille; elle tient à leur faire connaître et aimer les organisations fondées pour le bien-être moral et matériel des ouvriers. Le Père Aumônier fait ensuite son instruction sur les devoirs d'état des femmes mariées. Le lendemain, mardi, est consacré aux confessions. La communion générale a lieu le mercredi, à six heures du matin; la messe se termine par la bénédiction du Saint Sacrement, puis par la réception des nouvelles associées. Le samedi suivant, messe des veuves (pour les maris défunts).

Aux enterrements, toutes les associées sont convoquées; la bannière de l'Association est portée par l'une d'elles; les coins du drap sont tenus par quatre autres; enfin, la couronne, offerte par l'Association, est portée par une Conseillère derrière le cercueil. Dans la semaine suivante, une messe basse est dite à la chapelle pour la défunte.

Un bon nombre d'associées sont inscrites pour la communion réparatrice, et chaque jour plusieurs mères représentent l'Association à la table eucharistique.

Il y a deux retraites par an : une pour la préparation à la communion pascale, l'autre durant l'été.

Quatre fois par an, les enfants qui ont atteint leur troisième mois sont présentés à la chapelle un dimanche ou un jour de fête, à la fin de la grand'messe, et consacrés solennellement au Sacré Cœur, à Notre-Dame de l'Usine et à saint Joseph (1).

Chaque quinzaine a lieu la réunion de l'ouvroir pour la confection des layettes destinées aux familles les plus nombreuses. Les Dames patronnesses et un certain nombre de femmes ouvrières s'y rendent exactement.

La fête patronale a lieu le dimanche qui suit le 26 juillet; il y a le matin communion générale; l'après-midi, les associées prennent le café chez les Sœurs, puis vont dans les jardins où une tombola réjouit les petits enfants qui accompagnent les mamans.

En janvier, un dimanche après midi, une vente d'assiduité, composée d'articles de ménage et de lingerie, permet aux plus exactes d'acheter des objets utiles.

Le Conseil se recrute lui-même. Les Conseillères sont choisies dans les différents quartiers, afin de se partager les membres de l'Association et de pouvoir leur rendre des services. Elles ont un carnet, régularisé tous les

---

(1) Voici la formule de Consécration lue par le père d'un des enfants présentés : « Cœur Sacré de Jésus, ami des ouvriers; Vierge immaculée, mère de grâce; saint Joseph, patron de la Corporation ouvrière, nous vous consacrons cet enfant que Dieu nous a donné. Qu'il vive et meure en chrétien, afin de gagner le ciel. Ainsi soit-il. »

trimestres, contenant les noms des Dames de leur quartier. Elles se réunissent deux fois par mois : une fois pour le gouvernement de l'Association et pour les intérêts religieux, sous la direction de l'Aumônier, et une fois pour les intérêts économiques avec le Secrétaire général des institutions économiques. A chacune des réunions, on s'occupe des soins à donner aux jeunes mères et aux malades.

TIERS-ORDRE

(Section des Femmes et des Jeunes Filles.)

Réunions mensuelles.

Madame REIMBEAU.
Madame Maurice HARMEL.
Madame Paul SAUCOURT.
Madame GILMAIRE.
Madame URBAN.
Mademoiselle Marie LANOTTE, *Déléguée des Enfants de Marie.*
Mademoiselle Marie BELVA.
Mademoiselle Elvire MAHOT.

Le Tiers-Ordre de Saint-François d'Assise a sa Fraternité de femmes, qui comprend ensemble les mères et les jeunes filles. Il réunit les âmes plus dévouées, auxquelles on peut demander davantage, soit pour réagir contre le luxe, soit pour donner le bon exemple dans la direction chrétienne de la famille. C'est comme un noyau d'élite, au moyen duquel on peut développer parmi les ouvriers les grandes vertus qui ont régénéré le monde au XIIIe siècle. Les tertiaires sont actuellement au nombre de 52. Elles se réunissent le deuxième dimanche du mois, après la grand'messe.

Le Discrétoire s'occupe, dans ses séances mensuelles, de ce qui a trait au Tiers-Ordre et aux œuvres eucharistiques parmi les femmes. Il s'intéresse spécialement aux vocations religieuses des jeunes filles qui, grâce à Dieu, sont assez fréquentes au Val-des-Bois.

ASSOCIATIONS DE JEUNES FILLES

Remarque générale : Les jeunes filles portent le ruban et la médaille de leur Association, non seulement à la chapelle, mais à l'atelier, dans la famille et dans les rues, en semaine comme le dimanche. Cet usage excellent honore la jeune fille, en même temps qu'il lui rappelle ses obligations chrétiennes. Le ruban est rose pour les associées de Sainte-Philomène, violet pour les aspirantes ; rouge pour les associées des Saints-Anges. vert pour les aspirantes ; bleu pour les associées des Enfants de Marie.

Les réceptions se font solennellement à la chapelle. où les médailles et les rubans sont bénits et conférés.

E — ASSOCIATION
DES ENFANTS DE MARIE

(Article 2, paragraphe E, des Règlements intérieurs.)

CONSEIL

Réunions le dernier dimanche du mois.

R. P. Aumônier.
La Sœur Directrice.
Marie Lanotte, *Présidente*, déléguée au Tiers-Ordre.
Angèle Harmel, *Vice-Présidente*.
Berthe Darbois, *Secrétaire*, déléguée au Chant.
Marie Nicolas, *Trésorière*.
Philomène Pétry, *Sacristine*, déléguée aux Jeux.
Emélie Fèvre, *Sacristine*.
Maria Depiesse, *Bibliothécaire*.
Adèle Wavreille, *Réglementaire*, déléguée aux Saints-
   Anges.
Palmyre Gillet, *Réglementaire*, déléguée au Saint-Sa-
   crement.
Emélie Nollet, *Infirmière*.
Marie Eyrard, *Infirmière*, déléguée à Sainte-Philomène.

Les jeunes filles nouvellement arrivées sont tout d'abord réunies le dimanche à titre d'essai par une Conseillère d'honneur; elles peuvent ensuite être reçues aspirantes et enfin associées.

Actuellement, l'Association (fondée le 15 août 1863) comprend 137 associées ou aspirantes, de l'âge de quinze ans au mariage. Elles vont chez les Sœurs le dimanche, à quatre heures, pour la réunion de Congrégation, dans la journée et le soir pour des promenades ou des jeux, selon la saison. A neuf heures du soir, les mères viennent les chercher. De temps à autre, des distractions extraordinaires leur sont procurées, telles que des pèlerinages, de longues excursions, des séances dramatiques où elles sont à la fois actrices et spectatrices. On évite ainsi les dangers des réunions mondaines, si communes dans la vallée.

A l'atelier, on fait la prière du matin, et durant le travail, à tour de rôle, l'Heure de garde dans chaque salle. Une ou deux ouvrières tour à tour quittent le travail pour assister à la messe quotidienne en semaine et faire la communion réparatrice au nom de leurs compagnes. A la sortie du soir, la prière à la chapelle est faite par un certain nombre. Il y a communion générale mensuelle et communion réparatrice de quinzaine ou de huitaine.

La fête patronale est célébrée solennellement le dimanche qui suit le 8 décembre. Les chants, ce jour-là, sont exécutés par les jeunes filles seules. A midi, un banquet les réunit chez les Sœurs, et le soir, une représentation dramatique achève la journée.

Pour faciliter la formation des dots, le Bon Père s'est engagé (jusqu'à fin de l'année 1895, se réservant de renouveler l'engagement ensuite) à verser à la jeune mariée autant qu'elle aurait versé elle-même à la Caisse d'épargne, et cela jusqu'à la somme *maxima* de cent francs, à condition qu'au moment de son mariage elle fasse encore partie de l'Association (1).

Le mariage d'une Enfant de Marie est l'objet de démonstrations touchantes de piété et d'affection chré-

---

(1) Voici des calculs qui permettront de se rendre compte des résultats obtenus par une épargne un peu longue. Nous calculons l'année à 50 semaines au lieu de 52, pour prévoir les omissions. Nous donnons les sommes produites par le capital et les intérêts cumulés :

	5 ans.	10 ans.	15 ans.
0 fr. 25 par semaine..	70 fr.	160 fr.	275 fr.
0 fr. 35 par semaine..	98 fr.	224 fr.	386 fr.
0 fr. 50 par semaine..	140 fr.	321 fr.	551 fr.

tienne de la part des patrons, des Sœurs et de toutes les associées, qui tiennent à honorer le mariage chrétien. Quand la jeune fille n'a plus de parents, le repas de noces est donné chez le Bon Père, qui préside la table et remplace en cette circonstance le père absent. La nouvelle mariée ne quitte l'Association que pour entrer de plein droit et sans stage dans l'Association de Sainte-Anne.

Durant la maladie, les Enfants de Marie sont visitées et veillées par leurs compagnes. A leur mort, elles reçoivent les honneurs en usage dans les Congrégations, et les associées se font un devoir d'assister aux obsèques, la tête couverte d'un voile blanc.

Le Conseil se réunit, sous la présidence du Révérend Père Aumônier, le dernier dimanche de chaque mois. Il est chargé d'admettre ou d'exclure les aspirantes et les associées, et d'organiser la vie intérieure de l'Œuvre.

École ménagère. — Une École ménagère est établie chez les Sœurs. Elle comprend le tricot, la couture, le raccommodage et la coupe des vêtements; une buanderie pour s'exercer au lessivage et au lavage; des indications générales pour l'alimentation, pour la tenue du ménage, et des notions élémentaires d'hygiène et de soins en cas de maladie. Pendant la couture, on fait des lectures choisies à l'avance dans deux livres très pratiques : *Le Chemin du bonheur domestique* et *Le Bonheur domestique* (1).

Les ouvrières au-dessus de seize ans vont à l'école ménagère le samedi, de cinq heures à six heures et demie, sans retenue de salaire; les ouvrières au-dessous de seize ans y vont une heure par jour; enfin,

_____

(1) Voici quelques renseignements empruntés à ces livres :
« Il est important de connaître la valeur nutritive des aliments les plus usuels. L'homme adulte perd chaque jour 20 grammes d'azote et près de 300 de carbone. Cette perte doit être réparée par la nourriture, dont le choix dès lors ne saurait être indif-

les écolières y consacrent l'après-midi du mardi et la journée du jeudi; en outre, chaque jour, à tour de rôle, quelques-unes sont exercées au ménage.

CONSEIL D'HONNEUR

Réunions trimestrielles.

Marie BELVA, *Présidente.*
Elvire MAHOT, *chargée des nouvelles venues.*
Mélanie COURTOIS.
Léonie DUFOUR.
Aurélie FAUDIER.
Joséphine GUYOT.
Alice NOLLET.

Le Conseil d'honneur est composé des associées qui ont fait partie du Conseil de l'Association pendant dix années.

Il a la garde des traditions, qui sont les meilleures

férent. En prenant un kilogramme comme base, voici comment l'azote et le carbone sont répartis dans les aliments suivants :

	GRAMMES			GRAMMES	
	Azote	Carb^{ne}		Azote	Carb^{ne}
Viande de bœuf..	30	110	Harengs salés....	30	230
Lard...........	13	710	Pain de froment..	10	280
Graisse.........	--	830	Haricots.....	45	220
Beurre.........	7	830	Pois, Fèves......	48	410
Fromage (Hollande).	45	400	Lentilles	43	400
Œufs...........	25	135	Pommes de terre.	3	110
Morue salée.	50	160			

Le Bonheur domestique, conseils aux femmes sur la conduite de leur ménage, page 276; Delachaux, à Neuchâtel (Suisse).

« Il faut 12 à 15 kilog. de pommes de terre pour donner autant d'éléments nutritifs que 1 kilog. de haricots, pois ou lentilles.

garanties de stabilité et de persévérance. Les séances ont lieu tous les trois mois. La Sœur directrice rend compte de ce qui s'est fait dans le trimestre précédent, et sollicite les observations des Conseillères ; puis, ensemble, on fait le Coutumier du trimestre suivant. Par ce moyen, les usages sont maintenus dans leur esprit comme dans leur forme.

CONSEILLÈRES D'ATELIER

Réunions mensuelles.

Marie BELVA, *Présidente.*
Elvire MAHOT, *Dévidage.*
Joséphine GUYOT, *Cardes en cardé.*
Alice NOLLET, *Cardes en peigné.*
Mélanie COURTOIS, *Bobinoirs.*
Aurélie FAUDIER, *Bobinoirs.*
Marie NICOLAS, *Gills.*

Les Conseillères d'atelier ont pour mission de veiller à ce que, durant le travail, la dignité, l'honneur chrétien des ouvrières soient respectés dans leur propre conduite et dans leurs rapports extérieurs. Elles sont les interprètes officielles des ouvrières pour toute demande ou réclamation quelconque auprès des patrons; elles cherchent à rendre à leurs compagnes tous les services possibles. Les patrons se font un devoir d'ac-

---

Rien de plus nourrissant que les légumes à cosses, quand ils sont parfaitement cuits et assaisonnés de graisse.
« Par rapport au prix, la plus forte proportion de matières nutritives se trouve dans le lait et le pain; puis viennent les poissons et les légumes à cosses, et enfin la viande et les œufs. Si on prend pour comparaison 1 franc de viande (800 grammes environ), 1 franc de pois, fèves, haricots, lentilles (2 à 2 kilog. 500), donne trois fois autant de matières nutritives; 1 franc de fromage maigre (2 kilog. 500) en donne quatre fois autant. » — *Le Chemin du bonheur domestique indiqué aux jeunes filles,* pages 86 et 87; L. Grandmont, à Liège (Belgique).

cueillir favorablement leurs observations, et notamment de faire au besoin déplacer une ouvrière pour éviter un voisinage dangereux.

Il faut beaucoup de dévouement et de tact pour accomplir cette mission, qui exige une préoccupation constante et une haute idée du prix des âmes.

La Garde d'honneur qui fonctionne dans chaque salle durant le travail est confiée à leurs soins.

CONFRÉRIE DU SAINT-SACREMENT

Réunions mensuelles.

Palmyre GILLET, *Déléguée du Conseil de l'Association*.
Euphrasie EVRARD.
Marie EVRARD.
Sophie FÈVRE.
Marie GILARDIN.
Henriette JACOMÉLY.
Désirée NASSOGNE.
Elise NICOLAS.
Marie NOLLET.
Caroline PÉTRY.
Zélonie VIÉVILLE.

Les zélatrices de la Confrérie du Saint-Sacrement se réunissent le jeudi qui précède l'adoration mensuelle. Elles forment les groupes d'adoration qui, pendant une demi-heure, occupent les prie-Dieu disposés dans la nef, la tête couverte de longs voiles blancs.

Le Conseil s'efforce en outre de développer les pratiques eucharistiques (visites au Saint Sacrement, communions réparatrices, etc.).

SECTION CHORALE

Réunion le 1er mardi du mois.

Marie BELVA, *Présidente.*
Berthe DARBOIS, *Déléguée du Conseil de l'Association.*
Ernestine LADAME.
Marie LIÉGEOIS.
Angèle SCHMIDT.

La Chorale des jeunes filles est chargée de la messe de communion et d'une partie du salut de chaque dimanche, des exercices quotidiens des mois de mars (saint Joseph), mai (Marie), juin (Sacré Cœur) et octobre (Rosaire); en outre, elle exécute une messe en musique à l'Immaculée-Conception. Elle a ses répétitions deux fois la semaine. Elle célèbre sa fête le dimanche qui suit la Sainte-Cécile. Son Conseil se réunit le premier mardi du mois.

SECTION DES JEUX

Réunion le jeudi, à 2 heures du soir.

Lucie FÈVRE, *Présidente.*
Philomène PÉTRY, *Déléguée du Conseil de l'Association.*
Philomène ANTOINE.
Louise FOREST.
Julie FOULON.
Marie GILARDIN.
Marie GILLET.
Elise JACQUES.
Julie LANOTTE.
Elise NICOLAS.
Caroline PÉTRY.
Juliette SERVAIS.
Zélonie VIÉVILLE.

Les jeux sont très utiles, même pour les jeunes filles. C'est dans l'expansion du jeu que les Sœurs et les Conseillères peuvent former les caractères et doucement les habituer à la souplesse chrétienne.

La Section des jeux se réunit le jeudi, à deux heures. Elle décide le programme des promenades et récréations du dimanche suivant. Ses membres sont chargées de mettre l'entrain et la gaieté qui doivent rendre les soirées agréables. Elle s'occupe également des représentations et du théâtre des jeunes filles.

I⁶ — ASSOCIATION DES SAINTS-ANGES

(Article 2, paragraphe F, des Règlements intérieurs.)

CONSEIL

Réunion le mardi, à 6 h. 1/2 du soir, et le deuxième dimanche du mois.

Sœur DIRECTRICE.
Adèle WAVREILLE, *Déléguée des Enfants de Marie.*
Martine PÉTRY, *Présidente.*
Louise JORIS. *Vice-Présidente.*
Blanche PELTIER, *Secrétaire.*
Eugénie EVRARD.
Joséphine GILARDIN.
Anna HOLAENDER.
Joséphine INCOUL.
Lucie LALLEMAND.
Adeline WAVREILLE.

Fondée le 15 août 1864, l'Association, placée sous la protection des saints Anges, reçoit les jeunes filles depuis la première communion jusqu'à quinze ou seize ans. Elle comprend 63 membres.

Celles qui ont le certificat d'instruction nécessaire peuvent travailler à l'usine après treize ans accomplis. Elles ont, chez les Sœurs, une heure d'école ménagère par jour, sauf le mardi réservé au catéchisme.

Le dimanche, il y a réunion d'Association à quatre heures, jeux dans la journée et dans la soirée. Deux ventes par an récompensent l'assiduité; deux représentations théâtrales sont données l'hiver par les associées. On fait la prière à l'atelier le matin, l'Heure de garde du Sacré-Cœur pendant le travail, la visite au Saint Sacrement à la sortie du soir; retraite préparatoire à la communion pascale; en été, retraite avec les Enfants de

Marie; communion mensuelle le troisième dimanche du mois; communions réparatrices pour les plus pieuses.

La fête patronale est célébrée le premier dimanche d'octobre : messe solennelle. puis banquet chez les Sœurs; au salut, réception de nouvelles associées.

Le Conseil tient ses séances ordinaires le mardi soir à six heures et demie, et une séance extraordinaire le deuxième dimanche du mois, sous la présidence du R. P. Aumônier. Il a pour fonction d'admettre les nouvelles associées, de mettre de l'entrain dans les jeux turbulents qui conviennent à cet âge, de maintenir le bon esprit et de promouvoir les pratiques de piété : visites au Saint Sacrement, amour de la Sainte Vierge et des saints Anges.

G — ASSOCIATION
DE SAINTE-PHILOMÈNE

(Article 2, paragraphe G, des Règlements intérieurs.)

CONSEIL

Réunion le dimanche, à 4 h. 1,2.

Sœur DIRECTRICE.
Marie EVRARD, *Déléguée des Enfants de Marie.*
Émilie PILARDEAU, *Présidente.*
Jeanne HARMEL, *Vice-Présidente.*
Céline HALLET, *Secrétaire.*
Pauline EME.
Jeanne JOLIVET.
Célina RICHARD.
Irma NICOLAS.
Jeanne FOULON.

Cette Association (fondée le 15 août 1869) comprend actuellement 47 enfants, de sept ans à la première communion. Elle a pour but de faire apprécier de bonne heure les bienfaits de l'Association. Durant la semaine, les associées vont à l'école; les après-midi du mardi et la journée du jeudi sont consacrées à l'école ménagère.

Le dimanche, à quatre heures, il y a réunion de Congrégation; le reste de la journée se passe dans les familles, aux offices et à des jeux ou promenades avec les Sœurs. Des billets de présence permettent d'acheter chaque année, à plusieurs ventes spécialement organisées pour elles, des objets utiles ou agréables. Pour l'école, les récompenses classiques sont données à la fin du mois.

La fête patronale se célèbre le jour de sainte Philo-

même : messe solennelle avec pain bénit ; après-midi, goûter.

Le Conseil, composé d'enfants de huit, neuf et dix ans, tient ses séances hebdomadaires le dimanche, à quatre heures et demie. Les Conseillères rendent compte des efforts faits pour être agréables et utiles à leurs compagnes; on apprend que le dévouement pour les autres est un grand bien pour soi-même, en même temps qu'un devoir.

Elles s'occupent de l'*OEuvre de la Sainte-Enfance*, organisée parmi les associées et les enfants de l'asile. Chacune a sa liste d'abonnées et recueille à la fin du mois le sou du rachat des petits Chinois. Au mois de janvier, on célèbre la fête; deux enfants costumés en Chinois font la quête à la grand'messe, et le soir les associées de Sainte-Philomène donnent une représentation théâtrale au profit de l'*OEuvre de la Sainte-Enfance*.

II

INSTITUTIONS CORPORATIVES

et Économiques

H — CONSEIL SYNDICAL OU CORPORATIF

(Article 12 des Statuts.)

Réunion le 3ᵉ jeudi du mois, à 6 h. 1/2 du soir.

GROUPE PATRONAL

1 Le Bon Père, *Président.*
2 HARMEL Félix, *Vice-Président.*
3 CHAMPION François, *Secrétaire.*
4 TERNEAUX Florentin, *Trésorier.*
5 PILARDEAU Émile.
6 GODFROY Alexandre.
7 AULNER Léon.

GROUPE OUVRIER

8 VARLET François, *Vice-Président.*
9 GENTILHOMME François, *Vice-Secrétaire.*
10 ESQUI Émile, *Trésorier-Adjoint.*
11 JOLIVET Alfred.
12 GOUVERNEUR Louis.
13 CHARLIER Jules.
14 SCHERRER Charles.

15 SAGOTTE Adolphe, *Secrétaire général des Institutions économiques.*

La famille ouvrière du Val-des-Bois est la société naturelle des patrons et des ouvriers assemblés par la nécessité de l'exploitation, et unis par la pratique des devoirs réciproques que la justice et la charité leur imposent (1). C'est pour faciliter l'accomplissement de ces devoirs que nous avons fondé tout d'abord les Associations fondamentales, puis constitué en 1875 la Corporation chrétienne, formée par l'union des Associations existantes et des institutions professionnelles et économiques. La loi du 21 mars 1884 nous a permis de légaliser cette situation, ce que nous avons fait le 2 août 1885. Les Statuts du Syndicat professionnel des patrons et ouvriers de la Corporation chrétienne du Val-des-Bois ont été adoptés en Assemblée générale et déposés à la mairie. Le Conseil syndical est divisé en deux groupes égaux : le groupe patronal, choisi par les patrons parmi les membres du *Comité*; le groupe ouvrier, choisi parmi les membres du *Conseil intérieur* et nommé pour une durée illimitée par les membres ouvriers du Syndicat.

Dans les réunions mensuelles, il synthétise les institutions dont chaque Conseil suit tous les détails. Il cherche à perfectionner les organisations qui favorisent la vie de famille, le développement intellectuel et professionnel, la santé, l'économie, la stabilité des engagements, les intérêts économiques, l'assistance mutuelle et la vie matérielle. Il étudie les projets d'institutions nouvelles et en confie la réalisation, soit à un Conseil déjà existant, soit à un Conseil nouveau. Enfin, il consacre ou modifie les dépenses ou partages de budget, bonis et ressources de tous genres proposés par la commission de comptabilité générale.

Le *Secrétaire général des institutions économiques*, désigné par le Conseil syndical, dans son sein ou en dehors, consacre tout son temps aux œuvres. C'est lui qui fait les convocations pour chaque Conseil, de façon à faciliter la régularité des réunions.

(1) *Catéchisme du Patron*, question 17.

I — CONSEIL PROFESSIONNEL

(Article 28 des Règlements intérieurs.)

Réunion le vendredi qui suit la paye, à 6 h. 1/2 du soir.

———

16 HARMEL Maurice, *Président-Patron.*
11 JOLIVET Alfred, *Conseil intérieur.*
17 GEYSEL Georges, *Secrétaire, Bureaux.*
18 NOLLET Jean-Baptiste, *Dégraissage et Cardes.*
14 SCHERRER Charles, *Préparation.*
19 ANDRY Emile, *Fileurs en peigné.*
20 THIRY Joseph, *Fileurs en peigné.*
21 JOLIVET Ernest, *Fileurs en cardé.*
22 PONCELET Edmond, *Fileurs en cardé.*
23 CHARLIER Désiré, *Continus et Doubleuses.*
24 FÉRY Constant, *Emballage.*
25 SCHMIDT Edmond, *Teinturerie.*
26 PIERRET Joseph, *Manœuvres.*
27 BÉGLOT Henri, *Moteurs.*
28 GEORGE Edouard, *Serrurerie.*

Hiérarchie professionnelle. — Autant que possible les surveillants, contre-maîtres et employés de bureau sont choisis parmi les membres de la famille ouvrière. C'est ainsi que l'intelligence et le travail trouvent leur récompense naturelle. En même temps, les services rendus à l'usine sont plus complets quand ils le sont par des hommes qui sont élevés dans l'esprit professionnel et moral de la maison. Enfin, celui qui a passé par les différentes phases du travail qu'il doit commander donne des ordres plus précis et mieux écoutés. Pénétrés de cette vérité, les patrons qui se sont succédé dans la famille ont fait commencer leurs enfants par le travail le plus humble pour arriver à conduire une salle, puis à faire les comptes de main-d'œuvre, de manutention et de vente, afin de ne rien ignorer de ce qu'ils doivent

4

commander plus tard. C'est ainsi que la hiérarchie professionnelle a le pouvoir d'être juste et bienfaisante, en connaissant par expérience ce qu'elle exige de ses subordonnés.

Le Conseil professionnel, composé de représentants de chaque salle désignés par le Conseil intérieur, a voix consultative dans les questions suivantes : discipline intérieure des ateliers, permanence des engagements, enseignement professionnel et apprentissage, accidents.

Discipline. — Dans l'usine, l'autorité supérieure s'est réservé l'admission et le renvoi des ouvriers. Le pouvoir des autorités secondaires est limité comme dans l'armée. Le surveillant, le contre-maître et l'employé ne peuvent infliger que des amendes minimes qui doivent être visées au bureau. En cas de faute grave, ils font leur rapport au patron qui prononce la punition, soit une admonestation au bureau, soit une suspension de travail d'un ou deux jours, soit enfin le renvoi. On prévient ainsi des répressions qui, sous l'empire de la mauvaise humeur, peuvent trop facilement être exagérées, même par des contre-maîtres chrétiens. Le total des amendes n'a pas dépassé, en 1888, 63 fr. 10 ; en 1889, 54 fr. 15, pour une population de plus de 650 travailleurs (les amendes sont versées à la Société de Secours mutuels). Tout en conservant intacte l'autorité nécessaire au chef d'usine, le Conseil professionnel peut soumettre les désirs des ouvriers pour tout ce qui touche au travail.

Permanence des engagements. — Le Conseil est appelé à donner son avis pour récompenser les anciens ouvriers, soit par des médailles à ceux qui ont plus de 30 ans de services, soit par une fête jubilaire en l'honneur de ceux qui auraient travaillé 50 ans, soit enfin pour l'emploi de la rente fournie par la Caisse de Prévoyance gérée par la Commission de comptabilité générale (1).

Apprentissage. — L'apprentissage est trop souvent négligé dans les ateliers; il en résulte pour les adultes une formation professionnelle incomplète, qui les empêche de devenir jamais habiles. Le contre-maître et les chefs ouvriers doivent donc tenir la main à cette instruction pratique. Autant que possible, les pères sont chargés de l'apprentissage de leurs propres enfants, les frères aînés de leurs frères plus jeunes. Plusieurs circonstances nous facilitent cette tâche : c'est d'abord la permanence des engagements; c'est ensuite notre travail professionnel, qui nous permet d'employer tous les membres de la famille; c'est enfin la coutume, qui conduit les enfants à suivre la profession des parents. Leur instruction est complétée par des cours de dessin et de mécanique. Nous espérons joindre à notre école primaire un enseignement de travail manuel utile au foyer (cordonnerie, éléments de menuiserie et de jardinage). Rien n'est plus propre à développer la dextérité des mains, l'habileté du coup d'œil, en même temps qu'à faire réaliser plus tard des économies au foyer.

Les précautions morales sont prises pour les jeunes filles et les jeunes garçons, afin d'éviter les dangers de l'abandon complet en sortant des classes, et du premier contact avec l'atelier. Une heure d'école par jour jusqu'à seize ans les empêche d'oublier ce qu'ils ont appris, et les réunions du dimanche leur conservent la salutaire influence des Frères et des Sœurs.

Accidents. — Les membres du Conseil sont chargés de veiller à prévenir les accidents et en général tout ce

(1) 14 familles ont de 25 à 30 ans de services.
6 familles ont de 30 à 35 ans de services.
5 familles ont de 35 à 40 ans de services.
1 famille a de 40 à 45 ans de services.
7 familles ont plus de 45 ans de services.

qui peut nuire à la santé des ouvriers. C'est dans ce but que des appareils ont été placés pour diminuer la chaleur habituelle dans les filatures de laine, ainsi que des ventilateurs pour renouveler l'air des salles. Des abonnements ont été contractés par les patrons avec l'*Association pour éviter les accidents des appareils à vapeur* et l'*Association pour préserver les ouvriers des accidents du travail*. Les inspecteurs de ces Associations font des visites fréquentes, suivies de rapports détaillés sur tout ce qui est à faire. En outre, chaque Conseiller, dans sa salle, étudie les causes de danger et signale non seulement les blessures, mais les moindres écorchures produites par les machines. Il propose les mesures utiles pour en éviter le retour.

Le Conseil professionnel est également appelé à rendre de grands services pour maintenir entre les patrons et les ouvriers, sur toutes les questions professionnelles, cette entente affectueuse qui cimente la paix et l'union.

J — COMPAGNIE DE POMPIERS

(Article 24 des Règlements intérieurs.)

Réunion le jeudi avant le 2e dimanche du mois, à 6 h. 1/2 du soir.

29 BUREAU Georges, *Capitaine.*
 7 AULNER Léon, *Capitaine en second.*
30 SACOTTE Léon, *Sergent-Major.*
13 CHARLIER Jules, *Porte-Drapeau, Conseil intérieur.*
31 THIRY Remy, *Sergent-Sapeur.*
10 ESQUI Emile, *Sergent.*
32 MANGIN Armand, *Sergent.*
33 KOHLER Jean-Baptiste, *Caporal-Clairon.*
34 EME Grégoire, *Caporal.*
35 RAUX Ernest, *Caporal.*

La Compagnie de Pompiers, actuellement composée de 45 membres, a été fondée en 1863. Elle se recrute parmi les hommes les plus dévoués, spécialement parmi les anciens militaires. Elle a fait ses preuves surtout au 13 septembre 1874, alors que l'usine a été dévorée par le feu en quelques heures. Avant et depuis, elle s'est empressée de porter secours partout où un incendie a été signalé, dans la commune ou dans les villages voisins. Le bon esprit qui anime la Compagnie rend les corvées faciles, et entre tous les membres règne la plus franche camaraderie. La devise inscrite sur le drapeau : « Dieu, Famille, Patrie », résume le programme de ces volontaires qui ne marchandent ni leur temps ni leur dévouement. Le deuxième dimanche du mois ont lieu des exercices ayant pour but de familiariser chaque homme avec les différents postes qu'il est susceptible d'occuper en cas d'incendie.

Le Conseil se réunit le jeudi qui précède le deuxième dimanche du mois. Il est chargé de l'administration de la caisse et de tout ce qui intéresse la Compagnie. La caisse est alimentée par une subvention annuelle de 180 fr. des patrons, et par une cotisation mensuelle de 45 centimes versée par chacun des membres.

————————

K — SOCIÉTÉ DE SECOURS MUTUELS

(Article 5 des Règlements intérieurs.)

Réunion le mercredi, veille de la paye, à 6 h. 1/2 du soir.

---

36 REIMBEAU Émile, *Secrétaire.*
15 SACOTTE Adolphe, *Trésorier.*
 9 GENTILHOMME François, *Conseil intérieur, Atelier de préparation.*
28 GEORGE Edouard, *Serrurerie et Menuiserie.*
18 NOLLET Jean-Baptiste, *Dégraissage et Carderie.*
13 CHARLIER Jules, *Teinture.*
11 JOLIVET Alfred, *Fileurs en peigné.*
35 RAUX Ernest, *Fileurs en cardé.*

La Société de Secours mutuels a été fondée le 21 janvier 1846 ; elle compte actuellement 711 membres payants (1). Cette institution si nécessaire aux familles a été étendue à toutes sans distinction. C'est la seule organisation qui ne puise pas sa vitalité dans le libre choix des adhérents. Les ressources sont procurées par les cotisations des ouvriers, qui versent par mois la somme à laquelle ils ont droit par jour de maladie (2), et par les patrons qui versent chaque année une somme régulière et une cotisation extraordinaire suivant les besoins.

La Société procure les avantages suivants :

1° Aux sociétaires et aux membres de leurs familles, les soins du médecin et les médicaments. Chaque jour, le médecin donne une consultation gratuite dans une

---

(1) Les 711 membres payants se décomposent ainsi :

Hommes adultes	315	} 348
Garçons de 13 à 16 ans............	33	
Femmes,......................		49
Filles adultes....................	69	} 162
Filles de 13 à 21 ans..............	93	
Mères de famille		152 restant

au foyer et payant 15 centimes par semaine.

(2) Les cotisations des ouvriers s'élèvent en moyenne de 1 fr. 50 à 1 fr. 75 par 100 fr. de salaire.

salle spéciale, près de la pharmacie ; une Sœur prépare immédiatement les ordonnances prescrites. La pharmacie fournit gratuitement tout ce qui est nécessaire ; elle est sous la surveillance d'un pharmacien voisin qui veille à l'approvisionner de médicaments nouveaux. En outre, le médecin visite quotidiennement les malades à domicile ;

2° Les sociétaires qui travaillent à l'usine touchent une indemnité pécuniaire pendant le temps de leur maladie ;

3° En cas d'accident, une indemnité supplémentaire est ajoutée à la première. Les blessés qui ne peuvent reprendre leur travail habituel reçoivent une pension variant, selon le salaire, de 300 fr. minimum à 700 fr. par an ;

4° La sépulture chrétienne et tous les frais accessoires sont également fournis par la Société ;

5° En cas de besoins exceptionnels et pressants, les Commissaires peuvent donner un secours extraordinaire.

Les Commissaires, nommés par leurs camarades et choisis dans les diverses catégories de travail, administrent la Société, visitent les malades et s'assurent de l'exécution des règlements. Ils se réunissent chaque quinzaine pour examiner les dossiers des malades (certificat du médecin, jours de chômage, etc.) et délivrer les bons d'indemnité.

Les écoles (asile, écoles de filles, écoles de garçons) (1) étant spéciales pour l'usine, c'est au conseil de la Société de Secours mutuels qu'a été confié le soin de l'exactitude. Les listes d'absence lui sont communiquées. Les Commissaires, en faisant leurs visites aux malades, voient les parents négligents et les réprimandent. L'instruction est gratuite ; la Caisse fournit les livres classiques aux enfants des veuves et dans les familles où il y a plus de

---

(1) Elles sont actuellement fréquentées par 305 enfants ou adultes.

cinq enfants vivants. Chaque année, plusieurs certificats sont obtenus au concours, à Reims et à Rethel. La fréquentation des classes, une heure par jour jusqu'à seize ans, est obligatoire pour les jeunes ouvriers et ouvrières.

Société de Secours mutuels du Val-des-Bois.

Premier semestre 1890.

DÉBIT

Balance d'entrée, débiteur................		565' 90
Indemnités pour maladies :		
1404 journées d'hommes pour.....	1.572' 85	
942 journées de jeunes filles pour..	579 25	2.152 10
Indemnité supplémentaire pour accidents.....		125 30
Médecin.......................	750 »	
Sage-femme, 9 accouchements. ...	135 »	1.521 15
Médicaments....................	636 15	
Frais de sépulture...................		227 25
Primes d'assurance contre les accidents................	1.064 20	
Part de la Maison Harmel frères ...	579 25	484 95
Divers : Imprimés..................		25 50
		5.102' 15

CRÉDIT

Cotisations des membres..................	3.781' 20
Souscriptions des membres honoraires, MM. Harmel frères..............................	100 »
Don de MM. Harmel frères................	1.000 »
Don de MM. Harmel frères, pour supplément de 5 fr., pour soins aux jeunes mères......	45 »
Amendes disciplinaires de l'usine..........	25 75
De la Compagnie d'Assurances pour les blessés	125 30
Balance de sortie, débiteur au 30 juin 1890...	24 90
	5.102' 15

L — SOCIÉTÉ ANONYME COOPÉRATIVE

(Article 8 des Règlements intérieurs.)

CONSEIL D'ADMINISTRATION

Réunion le 1er jeudi du mois, à 8 h. 1/2 du soir.

1 Le Bon Père, *Président honoraire.*
2 Harmel Félix, *Président.*
4 Terneaux Florentin, *Gérant* (Boulangerie).
5 Pilardeau Emile, *Vice-Gérant* (Boucherie).
37 Béchard Athanase, *Vice-Gérant* (Achats directs).
15 Sacotte Adolphe, *Secrétaire.*
14 Scherrer Charles, *Conseil intérieur.*
19 Andry Emile, *Délégué à la Boucherie.*
38 Aubry Dyonisse.
3 Champion François.
24 Féry Constant, *Délégué à la Boucherie.*
11 Jolivet Alfred.
8 Varlet François, *Délégué aux Achats directs.*
39 Périn Jules.

La Société Anonyme coopérative de la Corporation chrétienne du Val-des-Bois, à capital variable, a été constituée le 6 octobre 1879 ; elle est gérée par un Conseil d'administration nommé suivant les Statuts. Le capital est de 20,000 fr., divisé en 200 actions de 100 fr., dont 10,650 fr. sont versés.

Elle est établie suivant la loi de 1867.

Elle a eu pour but d'établir une boulangerie, un magasin d'habillements, de chaussures, toiles, bonneterie, etc.

Plus tard, la Société a dù établir une boucherie.

Le Conseil d'administration se réunit une fois par mois, et plus souvent s'il est utile. Le Gérant rend compte des opérations de la Société et il expose les besoins pour l'achat, la vente et les marchés à traiter. Il se fait autoriser pour les dépenses. Chaque semestre, il fait un inventaire, établit le bilan et propose la répartition des bénéfices.

La Société donne à ses actionnaires 6 0/0 d'intérêts, plus 1/8ᵉ du bénéfice, qui a procuré 4,50 0/0 de dividende, soit 10 fr. 50 0/0 par année.

Les coopérateurs reçoivent 7/8ᵉˢ des bénéfices, qui ont produit en moyenne 5 0/0 du montant de leurs achats.

Depuis sa fondation, la Société possède une réserve de 7,011 fr. 20, ce qui fait, à quelques francs près, les deux tiers du capital versé.

Les bénéfices réalisés en dix ans se sont élevés à 44,910 fr. 95, soit plus de six fois le capital versé, si l'on considère que, pendant quatre ans, ce capital n'était que de 3,325 francs. Résultat magnifique dû à l'activité et au dévouement des membres du Conseil d'administration. Chaque semaine, deux d'entre eux sont de service.

La Société Anonyme coopérative se divise en trois parties ou sections distinctes : La Boulangerie, la Boucherie, et les Achats directs. — Chacune de ces trois sections forme l'objet d'un chapitre spécial.

Nous donnons le tableau général des chiffres d'affaires et des résultats de la Société entière durant les dix dernières années. Il sera facile d'en déduire les moyennes annuelles :

Dates	CHIFFRES D'AFFAIRES			Bénéfice général	Intérêts	Dividendes	Boni corporatif	Réserve	Créances douteuses et travaux	Dons divers
	Boulangerie	Achats directs	Boucherie							
30 Sept. 1880	29.100 50	»	»	2.248 85	99 75	139 65	990 80	131 10	»	887 55
31 Mars 1881	27.920 10	»	»	2.219 15	99 75	139 65	982 40	159 »	231 05	607 30
30 Sept. 1881	24.397 20	»	»	1.512 20	99 75	119 70	838 50	459 15	»	4 10
31 Mars 1882	27.474 70	»	»	916 »	99 75	93 10	653 95	65 90	»	3 30
30 Sept. 1882	27.459 45	»	»	523 50	99 75	46 55	319 90	55 40	»	1 90
31 Mars 1883	23.544 10	»	»	774 90	99 75	73 15	535 70	63 60	»	2 70
30 Sept. 1883	21.070 05	»	»	99 75	99 75	»	»	»	»	»
31 Mars 1884	21.841 70	11.784 65	»	2.043 65	174 45	111 60	837 65	813 60	»	106 35
30 Sept. 1884	22.526 05	24.223 15	»	3.629 80	319 50	255 60	1.761 20	1.284 40	»	9 10
31 Mars 1885	22.118 90	28.234 55	»	3.786 30	319 50	276 90	1.909 50	1.070 50	»	209 90
30 Sept. 1885	23.635 80	26.006 70	»	4.400 25	319 50	287 55	1.915 95	1.567 05	200 »	110 20
31 Mars 1886	22.450 60	27.879 95	»	3.723 30	319 50	287 55	1.933 30	522 75	400 »	260 20
30 Sept. 1886	20.591 40	22.536 15	»	2.687 60	319 50	213 »	1.710 50	240 »	146 60	58 »
31 Mars 1887	22.398 35	27.618 75	»	3.751 35	319 50	287 55	1.942 90	411 20	180 »	610 20
30 Sept. 1887	25.090 20	21.657 30	»	3.457 15	319 50	276 90	1.887 95	646 90	166 »	159 90
31 Mars 1888	24.535 95	24.826 50	»	3.503 05	319 50	276 90	1.933 »	577 05	100 »	296 60
30 Sept. 1888	23.833 50	23.400 45	27.844 60	1.801 75	319 50	138 45	992 80	197 50	»	153 50
31 Mars 1889	27.203 40	»	16.710 35	1.760 40	319 50	85 20	1.174 80	180 90	»	»
30 Sept. 1889	29.660 55	»	22.447 70	1.821 50	319 50	159 75	1.055 10	262 15	»	25 »
31 Mars 1890	28.791 60	»	23.030 »	2.618 75	319 50	213 »	1.396 90	539 35	»	150 »
	495.644 10	238.168 15	90.032 65	47.279 20	4.706 70	3.481 75	24.772 80	9.238 50	1.423 65	3.635 80
Perte au 30 Septembre 1883........... 821 20				2.368 25				2.368 25		
Travaux à la Boulangerie, Septembre 1886 1.547 05										
				44.910 95	4.706 70	3.481 75	24.772 80	6.870 25	1.423 65	3.635 80
RÉSERVE SUR LE PREMIER SEMESTRE 1880								140 95		
								7.011 20		

1° BOULANGERIE

La Boulangerie a été créée le 6 octobre 1879. C'est par elle que les opérations de la Société Anonyme ont commencé.

La Corporation avait, avant cette époque, un boulanger privilégié qui lui rendait 5 % sur les ventes de pain et s'engageait à fournir, en première qualité, à 0 fr. 10 les 3 kilos en dessous des cours de Reims.

Les ouvriers ayant eu à se plaindre, la Société Coopérative fonda une Boulangerie qui, après quelques tâtonnements, n'a cessé de donner d'excellents résultats.

Un traité avec le garçon boulanger nous garantit 44 pains 1/2 de 3 kilos (soit 133 kilos 500) par 100 kilogrammes de farine.

Nous donnons le tableau des opérations et des résultats pour les dix dernières années :

Entrée	Farines & Sons	Bois	Frais généraux	Main-d'œuvre	Bénéfices	Dates	Ventes	Perte	Sortie	Coopérateurs
4.832 90	22.243 35	2.623 80	462 90	1.750 »	2.248 85	30 Sept. 1880	29.100 50	»	5.061 30	990 80
5.061 30	23.815 80	859 70	703 35	1.847 55	2.219 15	31 Mars 1881	27.920 10	»	6.586 75	982 40
6.586 75	18.369 20	804 »	624 05	1.534 85	1.512 20	30 Sept. 1881	24.397 20	»	5.033 85	838 50
5.033 85	27.058 55	758 »	918 20	1.747 35	916 »	31 Mars 1882	27.474 70	»	8.957 25	653 95
8.957 25	20.109 »	1.997 »	847 65	1.821 75	523 50	30 Sept. 1882	27.459 45	»	6.796 70	319 90
6.796 70	28.979 45	»	1.011 80	1.648 50	774 90	31 Mars 1883	23.544 10	»	15.667 25	535 70
15.667 25	9.130 15	»	1.185 35	1.864 75	99 75	30 Sept. 1883	21.070 05	821 20	6.056 »	»
6.056 »	16.555 40	2.075 »	1.045 40	1.717 »	1.040 65	31 Mars 1884	21.841 70	»	6.647 75	490 90
6.647 75	15.510 15	»	1.353 65	1.556 80	1.026 10	30 Sept. 1884	22.526 05	»	3.568 40	931 95
3.568 40	18.957 90	»	1.124 35	1.822 35	1.298 30	31 Mars 1885	22.118 90	»	4.652 40	955 20
4.652 40	17.128 95	2.100 »	1.356 30	1.883 20	2.696 70	30 Sept. 1885	23.635 80	»	6.181 75	987 45
6.181 75	15.759 50	56 »	1.135 50	1.919 30	1.789 05	31 Mars 1886	22.450 60	»	4.390 50	895 15
4.390 50	17.680 »	»	1.264 95	1.755 45	1.349 05	30 Sept. 1886	20.591 40	»	5.848 55	825 65
5.848 55	15.413 25	940 35	1.159 65	1.884 »	2.019 85	31 Mars 1887	22.398 35	»	4.867 30	970 35
4.867 30	17.775 20	70 »	1.102 »	1.864 60	2.272 10	30 Sept. 1887	25.090 20	»	2.861 »	1.044 15
2.861 »	22.338 50	2.401 50	1.359 25	1.979 15	2.225 85	31 Mars 1888	24.535 95	»	8.629 30	1.066 60
8.629 30	14.317 25	»	1.216 55	1.876 35	1.603 55	30 Sept. 1888	23.833 50	»	3.809 50	992 80
3.809 50	20.110 35	3.056 80	1.730 75	1.884 60	1.760 40	31 Mars 1889	27.203 40	»	5.149 »	1.174 80
5.149 »	22.999 90	»	1.797 10	1.956 55	1.821 50	30 Sept. 1889	29.660 55	»	4.063 50	1.055 10
4.063 50	21.281 15	»	1.689 50	1.857 70	2.618 75	31 Mars 1890	28.791 60	»	2.719 »	1.396 90
4.832 90	385.533 »	17.742 15	23.088 25	36.171 80	31.816 20	Dix années	495.644 10	821 20	2.719 »	17.108 25

M — 2° BOUCHERIE

COMMISSAIRES DE QUARTIER

Réunions mensuelles.

———

5 PILARDEAU Émile, *Vice-Gérant.*
15 SACOTTE Adolphe, *Secrétaire de la Société Anonyme,* cité Malakof et cours de l'Usine.
9 GENTILHOMME François, *Conseil intérieur,* rue Camus.
19 ANDRY Émile, *Conseil d'administration,* rue des Vagériaux.
24 FÉRY Constant, *Conseil d'administration,* rue des Champs.
40 BRASSEL Joseph, cités Saint-Joseph et autres.
41 DUFOUR Augustin, rue des Censes.
42 DUPUIS Victor, chemin de Rethel.
43 HALLET Gustave, rue des Censes prolongée.
44 LECLÈRE Jean-Marie, maisons Thibault et environs.
45 MAGIS Maximilien, les Marais.
26 PIERRET Joseph, le Pré.
20 THIRY Joseph, rues du Pont et de la Gare.

Avant l'année 1888, nous avions un fournisseur privilégié pour la boucherie. Il faisait, comme les autres, une remise de 5 0/0 sur la viande vendue.

Le Conseil d'administration a désiré tenter une Boucherie coopérative. Elle a été fondée le 6 janvier 1888 et a toujours fonctionné à la satisfaction des consommateurs, mais non au profit des actionnaires. Les trois premiers inventaires semestriels n'ont donné que de la perte. Nous croyons être arrivés au terme de nos épreuves, au moyen d'un traité passé avec notre boucher qui nous met à l'abri de toute mauvaise chance.

Douze Commissaires de quartier ont été nommés par le Conseil d'administration ; chacun d'eux est chargé de faire la propagande autour de lui et de recevoir les plaintes de la clientèle. Des réunions mensuelles permettent aux Commissaires de faire leur rapport en temps utile.

Nous donnons les comptes de la Boucherie depuis sa fondation :

		BOUCHERIE							
Entrée	Achats	Main-d'œuvre	Divers	Bénéfices	Dates	Ventes	Cuir, Suif	Perte	Sortie
»	25.820 60	1.954 65	2.739 35	»	30 Sept. 1888	25.374 75	2.469 85	590 75	2.079 25
2.079 25	15.419 85	900 »	1.083 95	»	31 Mars 1889	15.174 25	1.536 10	377 45	2.395 25
2.395 25	22.181 25	900 »	554 40	»	30 Sept. 1889	20.742 20	1.705 50	753 50	2.829 70
2.829 70	20.299 75	900 »	1.055 75	76 70	31 Mars 1890	21.902 50	1.127 50	»	2.131 90
»	83.721 45	4.654 65	5.433 45	76 70		83.193 70	6.838 95	1.721 70	2.131 90

N — 3° ACHATS DIRECTS — MARCHANDISES

(Article 8 des Règlements intérieurs.)

CONSEIL

Réunion le vendredi qui précède la paye, à 6 h. 1/2 du soir.

---

37 BÉCHARD Athanase, *Vice-Gérant.*
41 DUFOUR Augustin, *Conseil intérieur.*
15 SACOTTE Adolphe, *Secrétaire.*
 8 VARLET François, *Conseil d'administration.*
46 PECK Edouard.
31 THIRY Remy.

Cette section de la Société Anonyme a pour mission d'acheter et de vendre les marchandises les plus nécessaires à l'ouvrier, en dehors de celles réservées aux fournisseurs privilégiés. Dans les achats, elle vise surtout à la bonne qualité et au bas prix. Afin d'éviter des mises de fonds considérables, elle recherche de préférence les fournisseurs consignataires.

Nous donnons les comptes de cette partie de la Société. Pour diverses circonstances, on a dû arrêter momentanément; la reprise est à l'ordre du jour :

MARCHANDISES							
Entrée	Achats	Frais généraux	Bénéfices	Dates	Ventes	Sortie	Coopérateurs
»	14.506 80	750 »	1.003 »	31 Mars 1884	11.784 65	4.475 15	346 75
4.475 15	20.767 45	750 »	2.603 70	30 Septembre 1884	24.223 15	4.373 15	829 25
4.373 15	27.155 10	1.050 »	2.488 »	31 Mars 1885	28.234 55	6.831 70	954 30
6.831 70	21.795 70	1.097 »	1.703 55	30 Septembre 1885	26.006 70	5.421 25	928 50
5.421 25	27.795 »	1.225 25	1.934 25	31 Mars 1886	27.879 95	8.495 80	1.038 15
8.495 80	17.099 35	1.482 85	1.338 55	30 Septembre 1886	22.536 15	5.880 40	884 85
5.880 40	25.140 95	1.236 25	1.731 50	31 Mars 1887	27.618 75	6.370 35	972 55
6.370 35	17.857 75	1.633 80	1.185 05	30 Septembre 1887	21.657 30	5.389 65	843 80
5.389 65	22.026 55	1.648 70	1.277 20	31 Mars 1888	24.826 50	5.515 60	866 40
5.515 60	16.786 80	1.898 85	198 20	30 Septembre 1888	18.937 60	999 »	»
				Cédé.....	4.462 85		
»	210.931 45	12.772 70	15.463 »		238.168 15	999 »	7.664 55

O — CONSOMMATIONS

(Article 10 des Règlements intérieurs.)

Réunion le samedi qui suit la paye, à 6 h. 1/2 du soir.

---

47 SONNET Ferdinand, *Secrétaire.*
 8 VARLET François, *Conseil intérieur.*
48 LECOQ Léandre, *chargé des Consommations.*
14 SCHERRER Charles.
49 PÉRIN Martin.
35 RAUX Ernest, *Délégué des Pompiers.*
32 MANGIN Armand, *Délégué des Pompiers.*
50 FOURNIER Auguste. *Délégué des Musiciens.*
20 THIRY Joseph, *Délégué des Musiciens.*

La Commission des Consommations est composée de neuf membres, nommés par le Conseil intérieur. Elle se réunit le samedi qui suit la paye de quinzaine. Elle est chargée des achats et de la vente du vin, de la bière, des liqueurs, soit à consommer dans la salle du Syndicat, soit à emporter à domicile. Dans ses achats, elle s'efforce de procurer des boissons saines ; dans ses ventes, elle cherche à favoriser le consommateur, afin qu'il se trouve mieux traité que dans les cafés de la localité.

Tous les six mois, par l'entremise de la Caisse corporative, les bénéfices sont versés au Conseil intérieur, pour l'aider à faire face à ses dépenses (frais d'éclairage, sorties et fêtes). Le chiffre d'affaires de cette section s'est monté, en 1888, à 9,710 fr. 30, et le bénéfice produit à 568 fr. 75 ; en 1889, à 9,550 fr. 50, et le bénéfice à 653 fr.

P — HOTELLERIE

(Article 9 des Règlements intérieurs.)

Réunion le 1er jeudi du mois.

---

51 Le Cher Frère DIRECTEUR, *Président.*
52 GUILLOTEAU Hyacinthe, *Secrétaire.*
53 COURTOIS Ernest, *Conseil intérieur.*
54 LABBÉ Henri.
55 MAGNIER Paul.
56 SAMBUCUCCI François.
57 CORVISIER Stéphane.

Le Conseil d'Hôtellerie, dont la réunion est fixée au premier jeudi de chaque mois, s'occupe des jeunes gens éloignés de leurs familles, et qui sont en pension chez les Frères.

Son but est de diriger ces jeunes gens dans la voie du devoir, en leur permettant de se récréer honnêtement pendant les instants que leur laisse le travail. Le Conseil d'Hôtellerie reçoit, par l'entremise de l'un des pensionnaires, les désirs de ceux-ci et y fait droit dans la mesure du possible ; chacun peut s'adresser à un membre du Conseil pour les réclamations qu'il pourrait avoir à formuler, et toujours ces demandes sont prises en sérieuse considération.

Q — FOURNISSEURS PRIVILÉGIÉS

(Article 6 des Règlements intérieurs.)

Réunion le mercredi qui suit la paye, à 6 h. 1/2 du soir.

---

58 DÉNOCHE Jean-Baptiste, *Secrétaire.*
48 LECOQ Léandre, *Conseil intérieur.*
 8 VARLET François.
59 DUPONT Jean-Baptiste.
60 LAPORTE Léon.
61 RUDLER Charles.

La Corporation ne pouvant tenir par elle-même tous les articles, elle s'est adjoint des fournisseurs privilégiés; et par cette institution, elle a fait profiter les commerçants du pays.

Les fournisseurs privilégiés sont des marchands qui vendent directement aux Sociétaires, moyennant une remise fixée par un contrat, en échange du paiement comptant. Par paiement comptant, on entend les achats acquittés dans le mois. La remise n'est pas donnée directement à l'acheteur, mais elle est portée au crédit de son livret corporatif.

Les fournisseurs privilégiés ne peuvent changer le cours de leurs marchandises, sans prévenir le Conseil au moins huit jours à l'avance. Ils doivent afficher les nouveaux prix aux lieux ordinaires des affichages.

Nous avons actuellement comme fournisseurs privilégiés : un épicier-mercier, deux charcutiers, un marchand coquetier.

Le Conseil a des types de marchandises pour vérifier et comparer les prix et les qualités. Il s'informe des cours aux Établissements économiques de Reims et dans les environs, pour avoir les plus bas prix. Enfin, il est appelé à contrôler les livraisons et reçoit toutes les plaintes à ce sujet.

Le père de famille le plus besogneux est aussi bien

servi que l'employé le mieux rétribué, car le fournisseur sait qu'il est surveillé et que les pauvres sont par-
ticulièrement protégés. Or, autant un fournisseur se
soucie peu des ventes à un pauvre ouvrier, autant il se
montre plein de respect pour la clientèle de douze cents
consommateurs.

R — COMMISSION
DE COMPTABILITÉ GÉNÉRALE

(Articles 11 à 20 des Règlements intérieurs.)

Réunion le 2e jeudi du mois, à 6 h. 1/2 du soir.

---

4 Terneaux Florentin, *Trésorier, Secrétaire.*
10 Esqui Emile, *Trésorier-Adjoint, Conseil intérieur.*
47 Sonnet Ferdinand, *Caisse d'épargne scolaire.*
5 Pilardeau Emile, *Secrétariat du peuple.*
19 Andry Emile.
3 Champion François.
28 George Edouard.
49 Périn Martin.
36 Reimbeau Emile.

La Commission de Comptabilité générale, nommée par le Conseil syndical, est chargée de tous les comptes dans la Corporation entière. Son administration comprend sept branches : la Caisse corporative, le Patrimoine corporatif, le Boni corporatif, les Caisses d'épargne, la Caisse de prévoyance ou de retraite, la Caisse d'avances et de prêts, le Secrétariat du peuple.

I. — Caisse corporative ou syndicale.

Cette institution a deux objets bien distincts : le contrôle et la gestion.

a) Le *contrôle* des budgets des associations et des institutions. Ces budgets sont formés en recettes par les dons des patrons, les cotisations ou versements des ouvriers, les bénéfices ou bonis de diverses institutions, le produit des concerts, loteries et souscriptions, etc. Le chapitre des dépenses contient les sommes prévues et l'approximation des imprévus.

b) La *gestion* comprend la perception des recettes et le paiement des dépenses. Le paiement est fait sur les pièces justificatives (visa du Secrétaire et du Président de l'institution, parfois de tous les Conseillers comme dans la Société de Secours mutuels); celui qui fait office de *trésorier* (ou *trésorière)* dans chaque institution a son carnet de caisse sur lequel sont portées, au fur et à mesure, les recettes et les dépenses. De cette sorte, chaque Conseil connaît constamment sa situation financière; en même temps, aucune dépense ne peut être faite irrégulièrement, et les pertes matérielles, résultant de négligence ou de désordre, sont évitées.

Nous donnons un tableau des budgets :

Budget annuel des Œuvres du Val.

	Recettes diverses, Boni, Quêtes, etc.	Cotisa-tions des Ouvriers	Sub-vention des Patrons	Total
ASSOCIATIONS FONDAMENTALES				
A.— *Ass. d'hommes, Cons. int.:*	Sur consomm . 600	600	800	2.150
Voyage des hommes à Reims pour N.-D. de l'Usine....			150	
B. — *Petit Cercle*		75	150	225
C. — *Saint-Louis de Gonzague*			25	25
D. → *Sainte-Anne :*				
Vente et présent. des enfants.			225	905
Réun. de charité (cot. des D^{mes})			480	
Lavoir ch. 0^{f}10 quinz. et fam.		200		
E. — *Enfants de Marie :*				
Sorties.............. 225				
Ventes 100			685	685
Banquet. 110				
Divers ...•....... 250				
F. — *Saints-Anges*..........			150	150
G. — *Sainte-Philomène*			50	50
INSTITUTIONS				
J. — *Compagnie de Pompiers*..		100	180	280
A reporter.....	600	975	2.895	4.470

	Recettes diverses, Boni, Quêtes, etc.	Cotisations des Ouvriers	Subvention des Patrons	Total
Report......	 600	975	2.895	4.470
K. — Secours mutuels :				
Versement régulier.........		7.800	1.720	
Secours extraordinaires.....		.....	1.000	
Ecoles { Asile (distr^on de prix)	....	.....	100 }	11.020
Garçons —	....	.....	200 }	
Filles —	....	.....	200 }	
SOCIÉTÉS				
S. — *Société de Jeunesse*......	Conseil int. 100	.....		100
T. — *Bonnes Lectures :*				
Abonnements..............		2.800		} 2.950
Bon Père..............		.....	150 }	
U. — *Musique instrumentale*...	Conseil int. 420	.....		420
V. — *Chorale*.....	Conseil int. 50	.....		50
X. — *Symphonie*.....	Conseil int. 150	.....		} 625
	Divers..... 150	.....		
	Memb. hon. 325	.....		
Y. — *Gymnastique*.....		60	50	110
Z. — *Dramatique*.....	Divers..... 225	.....		225
AA. — *Tir*.....	Divers..... 170	.....		170
ŒUVRES DE PIÉTÉ				
AB. — *Conf.de St-Vincent de P.:*	Quêtes..... 100	.....		
Caisse de famille (versem^ts)	....	.....	300 }	
d° cap. 4.500 (rente)	....	.....	225 }	1.200
d°	Loterie..... 500	.....		
d°	Soc.coopér. 75	.....		
Pauvres.....		.....	600	600
AD. — *Tiers-Ordre :*	Quêtes..... 15		10	} 2.125
Frais de Sémin.(enf. de l'us^ine)	....	.....	2.100 }	
AF. — *Association du Rosaire*			50	50
AG. — *Confrérie de St-Joseph*.	Quêtes..... 85	.....	10	95
AH. — *Apostolat de la Prière :*				
Première communion au Val.			150 }	600
Retr.des ouv.de l'us.à Braisne			450 }	
TOTAUX......	.... 2.965	11.635	10.210	24.810

NOTA. — Il n'est pas question, dans ces tableaux, des frais de la chapelle et des écoles, ni de la Caisse de prévoyance, ces charges étant exclusivement patronales.

II. — Patrimoine corporatif.

Le patrimoine corporatif est un bien commun inaliénable, amassé pour assurer la perpétuité et l'indépendance de la Corporation. C'est une véritable réserve que la prudence conseille dans toute œuvre de longue haleine. On n'y touche que dans des circonstances extraordinaires. Si on peut arriver avec le temps à une somme importante, on pourra s'en servir pour la fondation d'une nouvelle institution. En tout cas, on ne peut rien en dépenser sans l'assentiment du Conseil syndical.

Il est alimenté : 1° par un don de la Société coopérative et de la Société de Consommation, à chaque inventaire ; 2° par la remise de 5 0/0 accordée par les fournisseurs privilégiés sur les retenues faites à des familles n'appartenant pas à la Corporation ; 3° par la remise de 5 0/0 demandée aux créanciers sur les retenues faites pour leur compte aux familles qui veulent payer leurs dettes ; 4° par les dons et legs qui pourront être faits.

III. — Boni corporatif.

Le boni corporatif est une remise faite par les fournisseurs privilégiés et par la Société coopérative. Selon une décision du 12 mai 1878, prise en Assemblée générale, cette remise est placée à la Caisse d'épargne jusqu'à ce que le titulaire ait atteint sa cinquantième année ; elle s'augmente chaque semestre de son intérêt calculé à 5 0/0 l'an. Elle ne peut être remboursée avant 50 ans que sur l'avis du Conseil syndical, en cas de départ, de décès ou d'infirmité permanente. Ceux qui ont plus de 50 ans peuvent la toucher ; mais la plupart ont voulu continuer à la laisser comme réserve pour les vieux jours. Les familles nombreuses, dont la vie est difficile et qui doivent être aidées par la Caisse de famille, n'en jouissent pas moins de cette réserve qui, chaque année, grossit le petit avoir des parents ; plusieurs ont dépassé

5.

cinq cents francs qui s'augmentent chaque jour. Cette somme leur viendra bien à point quand leurs enfants seront grands et fonderont des foyers à leur tour (1).

Nous considérons le boni et son placement obligatoire comme plus avantageux qu'aucune des autres institutions, parce qu'ils conduisent toutes les familles à avoir une épargne quelconque; tandis que les dépôts facultatifs exigent une énergie et un esprit de prévoyance qu'on ne pourra jamais généraliser. Pour mettre cette réserve sacrée à l'abri des créanciers, nous l'avons déclarée incessible et insaisissable. Une seule exception est faite en cas de départ de l'usine, et seulement pour rembourser la Société coopérative.

Le boni est ordinairement de 5 0/0. Il est fixé avec les fournisseurs par des traités, et pour la Société coopérative par les Assemblées générales. Le livret corporatif, délivré aux familles qui font partie de la Corporation, est mis au courant chaque semestre pour le boni corporatif.

IV. — CAISSE D'ÉPARGNE.

L'ouvrier d'usine a beaucoup de difficultés pour économiser; son salaire est en butte aux convoitises de ceux qui vivent de son gain (marchands, cabaretiers, etc.). A peine a-t-il dans la main l'argent de sa quinzaine, qu'il est assailli par des offres si séduisantes qu'il devrait être un héros pour résister. Il a donc besoin d'être protégé pour épargner.

Tout d'abord, pour faire son budget, il faut que la mère puisse éviter la dispersion des salaires; c'est pourquoi nous avons organisé des billets de famille, contenant les comptes détaillés de chacun de ses membres;

---

(1) Une famille qui aurait un boni annuel de 25 fr. arriverait en 25 ans à un capital de 1,230 fr.; un boni de 50 fr. formerait une somme de 2,460 fr.; un boni de 100 fr. annuellement donnerait 4,922 fr. durant la même période de 25 ans.

les sommes ainsi totalisées sont remises au père ou à celui qu'il désigne. Le second moyen est le paiement comptant, qui multiplie véritablement le salaire; les institutions économiques sont organisées dans ce but, elles évitent les dettes qui grossissent dans l'ombre et qui un jour se dressent menaçantes et terribles, au risque de décourager l'ouvrier et de le jeter dans un paupérisme irrémédiable. Le troisième moyen est la faculté de laisser au bureau de l'usine ce qu'on veut économiser; on évite ainsi la difficulté véritable qui existe pour transporter une pièce de monnaie à la Caisse d'épargne, à travers les écueils dont nous avons parlé. Enfin, l'usine encourage les dépôts en donnant 5 0/0 d'intérêts sur les plus petites sommes. La Commission de Comptabilité offre aussi ses conseils pour le placement des économies, quand elles ont atteint un certain chiffre.

Grâce à ces divers moyens bénis de Dieu, et à la stabilité procurée par les Associations, nous sommes arrivés à une économie annuelle très importante.

La *Caisse d'épargne scolaire* est chargée de recueillir à l'asile, aux écoles et dans les Associations de jeunes gens et de jeunes filles, les petites économies que les enfants peuvent faire sur leur argent du dimanche; nous cherchons ainsi à donner dès le jeune âge l'habitude de l'épargne et à la continuer en grandissant.

La section Caisse d'épargne boni corporatif reçoit, comme nous l'avons dit, les bonis des titulaires qui n'ont pas atteint l'âge de 50 ans.

Voici le tableau des trois Caisses durant les dix dernières années :

Années	Caisse d'épargne	Caisse scolaire	Boni corporatif	Total	Moyenne % du salaire payé	DÉPOSANTS			
						C. E.	C. S.	B. C.	Total
Année 1880	37.362 40	2.762 90	3.784 65	43.909 95	10.40 %	89	174	103	366
Année 1881	18.971 15	2.444 80	2.777 70	24.193 65	5.73 »	89	170	103	362
Année 1882	33.417 45	3.013 50	3.189 55	39.620 50	9.12 »	94	168	145	407
Année 1883	35.433 95	3.108 20	2.469 25	41.011 40	8.99 »	103	182	164	449
Année 1884	33.421 90	2.901 70	2.675 25	38.998 85	8.39 »	111	201	177	489
Année 1885	45.409 30	4.192 75	3.123 85	52.725 90	10.35 »	106	206	160	472
Année 1886	53.572 75	2.370 75	2.855 60	58.799 10	12.79 »	110	202	154	466
Année 1887	45.956 90	1.545 30	3.209 15	50.710 75	10.43 »	120	190	159	469
Année 1888	51.860 90	1.227 70	2.245 85	55.334 45	11.92 »	109	175	165	449
Année 1889	36.938 55	984 80	1.798 05	39.721 40	8.75 »	104	154	166	424
	392.344 65	24.552 40	28.128 90	445.025 95 (1)	9.71 %	103	182	150	435

(1) La plus forte partie de ces sommes est employée, soit à des achats immobiliers, soit à des valeurs mobilières, la maison ne pouvant conserver pour chaque déposant qu'un chiffre restreint.

V. — CAISSE DE PRÉVOYANCE.

Cette Caisse, entièrement fournie par les patrons, procure une rente consacrée à faire une retraite aux ouvriers qui ont plus de 30 ans de service dans la maison et qui ne peuvent plus travailler. Les pensions sont proposées au Conseil professionnel par la Commission.

Nous étudions les moyens de compléter cette institution par des retraites individuelles à la Caisse de l'État. Les versements seraient faits, pour la part des ouvriers, soit par une partie du boni corporatif, soit d'une autre façon. Les pensions de retraite, qui pourraient assurer l'indépendance des vieux parents, rendraient les plus grands services. Dans notre milieu, tant que les enfants travaillent à l'usine, les parents sont soignés comme ils le doivent; mais quand les enfants se dispersent ou quand la famille quitte notre centre familial, les vieillards tombent dans un abandon lamentable et leurs derniers jours s'écoulent dans la douleur et la misère. Aussi, nous estimerons-nous heureux, quand nous serons arrivés à assurer la vie et la sécurité des vieux parents.

VI. — CAISSE D'AVANCES ET DE PRÊTS.

Le *paiement comptant* peut être considéré comme le bienfait le plus grand pour les familles ouvrières. Cette réforme économique conduit à l'épargne, donne une véritable aisance; tandis que les achats à crédit engendrent le gaspillage, la misère et un esclavage véritable, car le débiteur n'a plus aucune liberté vis à vis de son vendeur et celui-ci peut tout se permettre à son égard.

Deux obstacles s'opposent au paiement comptant : l'existence de dettes antérieures qui enlèvent la liberté, et la perspective de maladie qui nécessiterait des avances pour éviter le crédit. On a résolu les deux objections de la façon suivante :

Le *paiement des dettes* se fait par le Trésorier de la Comptabilité générale, qui dresse la liste et le montant des créances avec le chef de famille. Celui-ci prend l'engagement de laisser sur son salaire une somme fixe par quinzaine, par mois. Le Trésorier s'oblige à son tour, au nom de la Corporation, à l'égard de chacun des créanciers, pour un quantième pour cent chaque trimestre, jusqu'à lettre contraire. Tant que la famille accomplit ses promesses, la Corporation remplit les siennes; si le chef de famille cessait de tenir ses engagements, le Trésorier écrirait immédiatement à chacun des fournisseurs pour reprendre sa liberté. Ainsi, la Corporation ne donne jamais que ce qu'elle reçoit. Quant au débiteur, le plus souvent, les bénéfices résultant du paiement comptant aident singulièrement ses versements, et il peut se libérer sans qu'il lui en coûte réellement beaucoup. Combien de familles sont ainsi sorties des embarras les plus cruels pour passer, avec le temps, de la situation de débiteurs insolvables à celle de petits capitalistes !

Avances. — Quand un ouvrier est dans une gêne accidentelle ou quand, aux saisons d'été et d'hiver, il faut renouveler les vêtements de la famille, on s'adresse à la Commission qui étudie la question, décide l'avance qui peut être faite, et le délai dans lequel elle devra être remboursée sans intérêt. C'est un véritable prêt d'honneur, puisqu'il y aurait perte pour la Corporation, et par conséquent pour les camarades, si tout n'était pas remboursé. Aussi exige-t-on des garanties, parmi lesquelles la moralité est la plus importante. Malgré toutes les précautions, la mort ou le départ peuvent rendre un prêteur insolvable; pour parer à cette éventualité, la Société Anonyme a une réserve spéciale pour les créances douteuses.

VII. — Secrétariat du peuple.

Le Secrétariat du peuple a pour but de tirer l'ouvrier de tous les embarras où il peut se trouver. Pour le mariage, les pièces nécessaires sont obtenues, gratuitement quand il est possible, avec le secours de la Société de Saint-François Régis. Un membre de la Commission s'est fait accepter comme répartiteur, afin de pouvoir résister à l'accroissement constant des impôts qui, dans notre société démocratique, sait atteindre le dernier des prolétaires. La réalisation de petits héritages ou d'immeubles indivis n'est plus impossible ni ruineuse, grâce aux conseils, aux lettres et aux démarches faites. Si une rixe, une faute contre la régie ou la douane, ou quelque accident expose un honnête garçon à la police correctionnelle, on trouve moyen, souvent de l'éviter, toujours d'en atténuer la peine. Les assurances contre l'incendie et sur la vie sont obtenues aux meilleures conditions possibles. S'il survient un décès et que le conseil de famille soit nécessaire, il est préparé avec soin par un Membre de la Commission, qui consent même à en faire partie ; il fait les déclarations de succession s'il y a lieu et s'efforce d'éviter les frais et ennuis à la famille. En un mot, il n'y a pas d'événements, de circonstances de la vie, pour lesquels l'ouvrier ne puisse faire utilement appel à l'aide de la Corporation. Il trouvera toujours les patrons et les camarades prêts à lui rendre service.

III

SOCIÉTÉS DE PRÉSERVATION

Rétablir au foyer le bon accord et cette gaieté de bon aloi qui en fait le charme, tel est le but de ces sociétés. Elles donnent des fêtes auxquelles tous peuvent prendre une certaine part; elles écartent les influences délétères de la mauvaise presse et des plaisirs dangereux, par des lectures saines et des récréations honnêtes.

On comprend que de telles institutions s'adressent surtout aux jeunes gens; cependant, on ne néglige pas le concours des hommes mûrs, qui continuent aux jeunes le dévouement qu'ils ont reçu eux-mêmes autrefois,

S — SOCIÉTÉ DE JEUNESSE

(Article 4 des Règlements intérieurs.)

Réunions les 1er et 3e lundis du mois, à 6 h. 1/2 du soir.

---

62 HARMEL Léon, *Président d'honneur.*
63 R. P. AUMÔNIER, *Directeur.*
53 COURTOIS Ernest, *Conseil intérieur.*
55 MAGNIER Paul, *Trésorier.*
64 LADAME Armand.
54 LABBÉ Henri, *Secrétaire.*
65 GENDARME Justin, *Vice-Bibliothécaire.*
66 GÉRARD Alphonse.
67 GLATIGNY Louis.
68 GILLET Théodore.
69 ABRAHAM Constant, *Promenades.*
70 PIERRET Edmond, *Jeux intérieurs.*
71 FÈVRE Henri.
72 MAILIER Jules, *Jeux extérieurs.*
73 LANOTTE Victor.

Dans l'Association d'hommes, il y a une centaine de jeunes gens. Ceux-ci ont plus de loisirs que les pères de famille et en même temps ils sont exposés à bien plus de dangers. C'est ce qui a déterminé l'organisation de la Société de Jeunesse. Elle est placée sous le patronage de saint Michel, dont elle célèbre solennellement la fête le 29 septembre ou le dimanche qui suit. Elle a son organisation propre et ses réunions spéciales. Cette section est la pépinière de toutes les sociétés récréatives (musique, dramatique, etc.).

Plusieurs soirées de la semaine et la journée du dimanche sont consacrées aux jeux. Nous estimons que les jeux sont nécessaires à la jeunesse pour son développement physique et moral; ils forment à l'union des esprits et des cœurs; ils donnent de l'entrain et de la gaieté; l'affection mutuelle qu'ils développent sont un des charmes de la vie. Aussi, est-ce un point qui appelle l'attention des aumôniers et des directeurs, pour lesquels ces réunions sont d'excellentes occasions de se faire aimer et de faire du bien.

Son Conseil fait l'office du Conseil des Dignitaires dans les Cercles d'ouvriers. Il entretient dans la jeunesse l'esprit de dévouement, il est chargé de l'organisation des fêtes, promenades, jeux et divertissements. Un Conseiller s'occupe des jeux intérieurs, un autre des jeux extérieurs; tous, par leur entrain, cherchent à rendre la société agréable, de façon à attirer les camarades et à les éloigner des sociétés dangereuses. Ils leur conservent ainsi le plus précieux des trésors, celui de l'innocence, qui ouvre les cœurs et y maintient une inaltérable gaieté; c'est là la beauté véritable qui resplendit sur le visage du jeune homme chrétien.

T — SECTION DE BONNES LECTURES

(Article 7 des Règlements intérieurs.)

Réunion le 2ᵉ jeudi de chaque mois, à 6 h. 1/2 du soir.

---

63 R. P. AUMÔNIER, *Président.*
57 CORVISIER Stéphane, *Bibliothécaire.*
65 GENDARME Justin, *Vice-Bibliothécaire.*
52 GUILLOTEAU Hyacinthe, *Secrétaire.*
35 RAUX Ernest.
11 JOLIVET Alfred, *Conseil intérieur.*
 7 AULNER Léon.
58 DÉROCHE Jean-Baptiste.
61 RUDLER Charles.
28 GEORGE Edouard.
15 SACOTTE Adolphe.

Cette section est gouvernée par des Conseillers nommés par le Conseil intérieur. Elle s'occupe de la bibliothèque, qui compte quatre cents volumes dont la distribution se fait les dimanches et les jeudis. De plus, un abonnement à la bibliothèque roulante, établie dans le diocèse, permet de renouveler aussi souvent qu'on le veut les livres qu'elle fournit.

Elle a été spécialement formée pour la diffusion des journaux. L'empoisonnement des intelligences, qui se fait par la mauvaise presse, a les plus graves conséquences, non seulement au point de vue social et religieux, mais au point de vue des familles. En effet, ces lectures malsaines apportent aux foyers la désagrégation qui résulte du vice, les discordes engendrées par l'impiété, et les révoltes qui sont le fruit du mépris et de la dérision accumulés systématiquement contre la paternité, la vieillesse et les choses saintes.

Elle a admis les journaux suivants : 1° La *Croix* de Paris et La *Croix* de Reims, 210 abonnés ; ces deux journaux ensemble fournissent dix-huit numéros par quinzaine pour 35 centimes ; 2° Le *Petit Moniteur*, 13 abonnés, 1 fr. 50 par mois ; 3° Le *Courrier des Ardennes*, 8 abonnés, 1 fr. 25 par mois.

L'*Ouvrier* et les *Veillées des Chaumières* comptent chacun 240 abonnés, soit ensemble 480 à 5 centimes par semaine.

En résumé, la Société de Bonnes Lectures vend chaque année :

Journaux quotidiens.... 101,650	126,650 numéros.
Journaux hebdomadaires 25,000	

La moyenne des personnes lisant le même numéro étant au moins de quatre, on peut juger le bien qui se fait. Le Conseil est heureux de constater l'augmentation des abonnés qui comprennent que les bonnes lectures sont la santé de l'esprit, tandis que les mauvaises sont la peste des foyers.

U — MUSIQUE INSTRUMENTALE

(Article 24 des Règlements intérieurs.)

Réunions les 1er et 3e lundis du mois, à 6 h. 1/2 du soir.

---

2 HARMEL Félix, *Président.*
7 AULNER Léon, *Directeur.*
74 LADAME Léon, *Chef de Musique.*
75 MARTIN Jules, *Secrétaire.*
11 JOLIVET Alfred, *Conseil intérieur.*
76 EVRARD Émile.
77 SERVAIS Joseph.
78 DARDART Aimé.
43 HALLET Gustave.
50 FOURNIER Auguste.
60 LAPORTE Léon.
20 THIRY Joseph.

L'Harmonie du Val-des-Bois a été fondée en 1847. Elle a pour but de procurer aux jeunes gens des distractions utiles et de relever la solennité des fêtes religieuses et autres.

Nul ne peut faire partie de la Musique sans être membre de l'Association d'hommes. Les leçons de musique sont données gratuitement tous les jours, de une heure et demie à deux heures et demie, et de six heures et demie à sept heures et demie du soir; les répétitions générales ont lieu deux fois par semaine, le jeudi et le dimanche.

Chaque année, la Société fait des sorties, soit pour prendre part aux concours, soit pour assister aux processions de la Fête-Dieu, et à la fête de Notre-Dame de l'Usine dans la basilique de Saint-Remi. Elle se fait entendre tous les dimanches dans les cours de l'usine, aux solennités religieuses à la chapelle, et aux fêtes corporatives dans les diverses salles de réunion.

La Société reçoit du Conseil intérieur un subside régulier, plus des subventions pour les sorties, proportionnées à l'importance de la dépense. Les musiciens qui désirent faire l'acquisition d'instruments versent chaque quinzaine une somme minime, de sorte qu'au bout de plusieurs années les instruments sont payés sans avoir imposé aucune gêne aux acquéreurs.

L'Harmonie compte actuellement 50 musiciens et 5 élèves. Elle est composée surtout de jeunes gens ; mais les meilleurs musiciens continuent à faire partie de la Société après leur mariage. Leur dévouement est un encouragement pour leurs collègues plus jeunes.

Le Conseil, nommé par les musiciens et confirmé par le Conseil intérieur, tient ses séances de quinzaine qui sont dirigées par le Président ou le Directeur.

V — CHORALE

(Article 21 des Règlements intérieurs.)

Réunion le 1er vendredi du mois, à 6 heures 1/2 du soir.

————

2 HARMEL Félix, *Président.*
59 DUPONT Jean-Baptiste, *Directeur.*
52 GUILLOTEAU Hyacinthe, *Secrétaire.*
47 SONNET Ferdinand, *Conseil intérieur.*
7 AULNER Léon.
57 CORVISIER Stéphane.
79 LIÉGEOIS Joseph.

Il y a toujours eu une Chorale au Val-des-Bois, mais parfois avec quelques interruptions. La société actuelle est née en 1889, à la suite d'une de ces éclipses, sur l'appel du Bon Père, désireux de voir nos solennités religieuses reprendre leur ancien éclat.

Elle compte actuellement 32 exécutants.

Elle a fait ses débuts le 14 juillet 1889, en chantant une messe à l'occasion de l'ordination du R. P. Gonzalve, que nous pleurons aujourd'hui (1).

Depuis ce temps, grâce aux efforts de son Directeur et aux encouragements de son Président, notre petite société, dont presque la moitié des membres ne connaissent pas la musique, fait des progrès constants et a obtenu un véritable succès à la paroisse, à l'occasion de l'installation du nouveau curé.

(1) Victor Harmel, en religion Père Gonzalve-Marie, Franciscain, ordonné le 15 juin 1889, chantait sa première messe au Val, le dimanche 14 juillet 1889. La Chorale lui refaisait fête le dimanche 27 avril 1890, à l'occasion de ses adieux. Il partait ensuite pour la Chine, où il est mort le 4 septembre 1890, victime de son dévouement.

Ses répétitions ont lieu deux fois par semaine, le mardi et le samedi, à huit heures du soir.

Son Conseil se réunit le premier vendredi de chaque mois : son budget est fourni par le Conseil intérieur.

X — SYMPHONIE

Réunion tous les deux mois.

2 HARMEL Félix, *Président.*
80 DELCOUR Alfred, *Directeur.*
54 LABBÉ Henri, *Secrétaire.*
47 SONNET Ferdinand, *Conseil intérieur.*
5 PILARDEAU Émile.
37 BÉCHARD Athanase.
39 PÉRIX Jules.

La Symphonie, comme sa sœur la Chorale, fut formée l'an dernier pour la même occasion.

Cette société se compose de 12 instrumentistes, dont 5 violons, sous la direction de son chef, M. Delcour. Elle possède des instruments qu'il est rare d'entendre à la campagne.

Elle a des membres honoraires, dont les cotisations lui viennent en aide pour subvenir aux dépenses très élevées que nécessite cette sorte de musique.

Elle augmente l'éclat des cérémonies religieuses en accompagnant la Chorale. Elle doit donner chaque année au moins trois concerts, qui font passer d'agréables soirées à notre grande famille ouvrière.

C'est ainsi qu'au mois de février, au moment de la terrible influenza, elle a obtenu un véritable succès en organisant un concert qui lui a permis de verser plus de 300 francs à la Conférence de Saint-Vincent de Paul.

Les répétitions ont lieu le mercredi de chaque semaine, à huit heures du soir.

Le Conseil se réunit tous les deux mois, puis avant et après chaque concert. Il reçoit une subvention du Conseil intérieur.

Y — SOCIÉTÉ DE GYMNASTIQUE

(Article 24 des Règlements intérieurs.)

Réunion le mercredi qui suit la paye, à 6 h. 1/2 du soir.

---

81 HARMEL Jules, *Président.*
3 CHAMPION François, *Vice-Président, Conseil intérieur.*
7 AULNER Léon, *Directeur.*
51 Cher Frère DIRECTEUR.
82 ERNST Frantz, *Secrétaire.*
83 LACOUR Léon, *Moniteur.*
84 GILLET Joseph.
85 MONTAGNE Edouard.
86 BAUDRY Honoré.
87 POTIER Victor.

La Société de Gymnastique, fondée en 1884, compte actuellement 26 sociétaires et 6 candidats. Elle a pour but d'exercer les jeunes gens qui, un jour, seront appelés sous les drapeaux, afin qu'ils trouvent moins pénible le commencement de l'école du soldat. Les répétitions ont lieu trois fois par semaine, le mardi et le vendredi à six heures et demie du soir, et le dimanche après la grand'messe.

Le Moniteur a été choisi parmi les sociétaires. Il avait beaucoup de goût pour la gymnastique, dont il faisait partie dès le début, et il s'est perfectionné pendant son service militaire. A son retour, il a été désigné comme moniteur.

La caisse est alimentée par une subvention de la Caisse corporative et par une cotisation mensuelle de 25 centimes par sociétaire; chaque année, on fait une ou plusieurs promenades dans les villages voisins; après quelques exercices sur la place publique, un petit goûter aux frais de la caisse est offert aux sociétaires.

La Société de gymnastique est placée sous le patronage de saint Stanislas de Kostka, dont on célèbre la fête au mois de novembre.

Un Conseil de six à huit membres, élu par les sociétaires et ratifié par le Conseil intérieur, se réunit tous les quinze jours, le mercredi. Il admet les nouveaux après s'être assuré par le délégué du Conseil intérieur qu'ils font partie de l'Association d'hommes ; il règle et prépare les séances, les sorties et les fêtes, et veille à l'application du règlement adopté par la Société.

Z — SECTION DRAMATIQUE

(Article 24 des Règlements intérieurs.)

Réunion le 1er mercredi du mois, à 8 h. 1/2 du soir.

———

36 REIMBEAU Émile, *Secrétaire.*
63 R. P. AUMÔNIER, *Directeur.*
53 COURTOIS Ernest, *Conseil intérieur.*
75 MARTIN Jules.
64 LADAME Armand.
54 LABBÉ Henri.

La Section dramatique, composée exclusivement de jeunes gens, prépare trois ou quatre soirées récréatives pendant les veillées d'hiver. Elle alterne en cela avec la Symphonie, de manière à donner une soirée par mois. La direction est réservée au R. P. Aumônier, qui choisit les pièces, révise les chansonnettes et trace, d'accord avec le Conseil, le programme des soirées. On s'efforce de choisir des pièces nécessitant beaucoup d'acteurs, afin d'utiliser le plus de bonnes volontés possible.

C'est dans ces petites réunions que l'Aumônier conquiert l'affection des jeunes gens et qu'il peut leur donner quelques encouragements, souvent nécessaires, pour les maintenir dans le sentier du devoir.

Le Conseil se réunit chaque mois.

AA — SOCIÉTÉ DE TIR

(Article 21 des Règlements intérieurs.)

Réunions mensuelles.

---

36 REIMBEAU Émile, *Secrétaire.*
24 FÉRY Constant.
88 AUBRY Edmond.
47 SONNET Ferdinand, *Conseil intérieur.*
52 GUILLOTEAU Hyacinthe.

Un complément utile de la Société de Gymnastique, c'est la Société de Tir. Si la première assouplit les membres du jeune homme, la seconde lui apprend à se servir des armes qui seront un jour entre ses mains. Tous les ans, un grand concours de tir au fusil Gras est organisé dans le mois de juillet. D'autres séances de tir ont lieu certains dimanches d'été.

Les Conseillers sont d'anciens soldats. Ils chargent seuls les armes et font prendre aux tireurs la position réglementaire. Le Conseil se réunit tous les mois d'été; il décide les dates auxquelles auront lieu les tirs, désigne les Conseillers de service et fixe les conditions qui devront être imposées aux tireurs.

Les prix gagnés sont distribués dans la salle du Syndicat, après la clôture du concours.

Cette Société n'a aucune subvention et s'entretient par les tireurs eux-mêmes.

IV

ŒUVRES DE PIÉTÉ

Nous rangeons sous ce titre les institutions qui ont la piété pour base ; mais chacune d'elles a une mission sociale particulière qui la fait véritablement rentrer dans l'organisation corporative. C'est ainsi que la Conférence de Saint-Vincent de Paul s'occupe de la Caisse de Famille, pour suppléer à l'insuffisance des salaires ; le Tiers-Ordre porte son influence sur les habitudes de simplicité et d'ordre domestique, en même temps qu'il s'intéresse des jeunes gens qui se destinent à l'état ecclésiastique ou religieux ; la Confrérie de Notre-Dame de l'Usine s'est donné la mission de conserver la pureté de la jeunesse ; la Confrérie de Saint-Joseph, celle de veiller à la sanctification des foyers et du travail, etc. ; enfin, l'Apostolat de la Prière est chargé de la chapelle, des retraites fermées et de tout ce qui concerne les manifestations publiques de la religion.

Quelques-uns de nos lecteurs seront peut-être étonnés de voir, dans l'attribution des Conseils, des choses qui paraissent être exclusivement du ressort du prêtre. Sans doute, dans la Corporation, l'Aumônier ne perd aucun de ses droits. Mais ici, comme dans l'exercice de l'autorité patronale, l'expérience nous a montré l'utilité des Conseils ouvriers. Comment, en effet, l'Aumônier, qui peut être nouveau dans l'usine, connaîtra-t-il les traditions et les convenances de son peuple ? Ne trouvera-t-il pas de précieuses lumières dans l'avis d'anciens ou-

vriers qui sont là depuis un grand nombre d'années?
Par leur ancienneté, ils sont les témoins des traditions;
par leur vie commune avec les camarades, ils peuvent
indiquer ce qui s'adapte le mieux au caractère, aux besoins et aux habitudes des travailleurs.

C'est ainsi que, dans les anciennes Confréries, rien ne
se faisait dans les chapelles sans l'accord avec les Conseils de la Confrérie. Tout marchait dans l'ordre, puis-
que le zèle, l'initiative de l'autorité religieuse, renseignés
par les intéressés, pouvaient prendre des mesures pratiques adaptées au milieu spécial.

AB —

CONFÉRENCE DE S. VINCENT DE PAUL

et CAISSE DE FAMILLE

(Article 29 des Règlements intérieurs.)

Réunion le dimanche, à l'issue de la messe.

———

7 AULNER Léon, *Président.*
9 GENTILHOMME François, *Vice-Président, Conseil intér.*
4 TERNEAUX Florentin, *Trésorier.*
37 BÉCHARD Athanase, *Secrétaire.*
56 SAMBUCUCCI François, *Vice-Secrétaire.*

La Conférence de Saint-Vincent de Paul a pour but de développer parmi ses membres la véritable piété, qui se manifeste par la plus tendre charité à l'égard du prochain. Fondée le 17 décembre 1877, elle compte actuellement 21 membres titulaires et 10 membres honoraires. Elle se réunit le dimanche, après la grand'messe. Elle a une double action : religieuse et sociale.

Action religieuse : *Visite des pauvres*, sans égard de leur situation par rapport à l'usine ; comme dans toutes les Conférences, on cherche à ramener à Dieu des gens ignorants, égarés par la souffrance, à régulariser les positions irrégulières. Chaque année, un certain nombre d'enfants sont habillés pour la première communion. Les vieillards abandonnés et les malades sans ressources sont l'objet particulier de la sollicitude des confrères. La fête de saint Vincent de Paul est célébrée en semaine par tous les confrères, avec la présence des familles assistées ; le dimanche suivant, une importante délégation passe la journée à Reims, Charleville ou Rethel, à la réunion générale du diocèse, présidée par notre Éminent Cardinal.

6

Action sociale : *Caisse de Famille*. Cette Caisse est administrée par les confrères ; elle a pour but de venir en aide aux foyers où il y a beaucoup d'enfants et peu de travailleurs. Elle supplée, dans la mesure possible, à l'insuffisance des salaires. Si la stricte justice n'oblige pas à payer au delà du labeur accompli, l'humanité et la loi chrétienne veulent que l'homme puisse en travaillant satisfaire aux besoins de sa famille. C'est pour atteindre ce but que la Caisse de Famille a été fondée. Un premier capital de 4,500 fr., qui s'augmentera plus tard par les libéralités patronales, assure par sa rente une source régulière ; en outre, l'usine verse annuellement 300 fr. ; enfin, une loterie complète le budget. Le Président reçoit chaque quinzaine la liste des familles nombreuses, avec la mention du salaire et sa division par tête et par jour. Il peut ainsi régler les secours en connaissance de cause. Ceux-ci sont donnés en nature et portés à domicile par les membres de la Conférence.

Logements. — La Conférence s'occupe aussi des logements au point de vue de la moralité, de la salubrité et de l'insuffisance des lits ; elle procure des lits quand cela est nécessaire. Les confrères voient à ce que les familles puissent avoir des logements en rapport avec le nombre de leurs membres, et pourvus des chambres nécessaires pour la séparation des sexes. La facilité qu'ils ont de pénétrer chez les camarades sans éveiller de susceptibilité leur permet de rendre des services difficiles aux patrons.

AC — CONFRÉRIE
DU TRÈS SAINT SACREMENT

(Article 29 des Règlements intérieurs.)

Réunion le jeudi qui précède le 1er dimanche du mois, à 6 h. 1/2 du soir.

---

63 R. P. AUMÔNIER, *Directeur.*
81 HARMEL Jules, *Président.*
 9 GENTILHOMME François, *Conseil intérieur.*
 5 PILARDEAU Émile.
37 BÉCHARD Athanase.
30 SACOTTE Léon.
 3 CHAMPION François.
89 GÉNISSON Auguste.
15 SACOTTE Adolphe.
32 MANGIN Armand.
56 SAMBUCUCCI François.

La Confrérie du Très Saint Sacrement a été érigée dans la chapelle du Val-des-Bois, en 1884. Elle a pour objet de fournir des adorateurs au Saint Sacrement exposé à certains jours, et de susciter la dévotion à l'adorable Eucharistie. Elle compte actuellement 80 associés parmi les hommes et 130 parmi les femmes et jeunes filles.

Les expositions du Saint Sacrement ont lieu le premier dimanche de chaque mois, les trois jours des Quarante-Heures, à la fête du Sacré-Cœur, et au jour fixé pour l'Adoration perpétuelle du diocèse. Les confrères, partagés en sections, font une demi-heure de garde fixée par les billets de convocation. Ces billets sont distribués la veille par les chefs de section ; ceux ci sont chargés de dire le chapelet à haute voix et de lire l'acte de consécration à chaque demi-heure. La plupart des associés font la communion le jour de l'Adoration.

Les Adorations nocturnes ont lieu les nuits qui précèdent les Quarante-Heures, la fête du Sacré-Cœur et l'Adoration perpétuelle. Les sections, augmentées d'hommes de bonne volonté, fournissent à chaque heure de la nuit de huit à dix adorateurs. Le temps est partagé par des chants et la récitation du rosaire, de façon à éviter le sommeil.

De plus, il y a tous les jeudis l'exercice de l'heure sainte, de 8 à 9 heures du soir.

Le Conseil, composé des chefs de section, se réunit le jeudi qui précède l'Adoration. L'Aumônier excite le zèle eucharistique des Conseillers et fixe l'intention spéciale du dimanche suivant.

AD —

TIERS-ORDRE DE SAINT-FRANÇOIS

(Article 2 des Règlements intérieurs.)

DISCRÉTOIRE

Réunion le jeudi avant le 1er dimanche du mois, à 1 h. 1/2 du soir.

---

63 R. P. AUMÔNIER, *Directeur.*
81 HARMEL Jules, *Président.*
5 PILARDEAU Émile, *Maître des novices.*
1 TERNEAUX Florentin, *Trésorier.*
7 AULNER Léon, *Secrétaire.*

Le Tiers-Ordre a vraiment été l'origine de l'action religieuse au Val-des-Bois. L'entrée de quelques membres de la famille dans son sein, le 17 août 1861, a déterminé la persévérance de nos premiers essais. Une Fraternité fut établie régulièrement le 2 février 1865. Nous avons parlé de la Fraternité des femmes; celle des hommes compte 19 membres, elle se réunit le premier dimanche du mois, après la messe de communion.

Le Tiers-Ordre, suivant la pensée de son saint Fondateur, a un double objet : la sanctification de ses membres, et l'amélioration du milieu populaire où il agit.

Son *action intérieure* est suscitée par l'Aumônier qui, dans les réunions ordinaires, développe la règle dans son esprit aussi bien que dans ses obligations positives; il annonce les fêtes, indulgences et abstinences du mois, il reçoit les novices et les profès. Les jours de Noël, de Pâques, etc., l'Aumônier donne l'absolution générale aux Tertiaires, à la messe de communion.

Son *action extérieure* a pour but de répandre dans la population le véritable esprit de l'Évangile. La pauvreté

volontaire correspond à la simplicité des vêtements, la modération des désirs, l'ordre dans les dépenses; la mortification à l'acceptation du travail, des peines, des privations obligées; la tempérance, pratiquée et conseillée par les Tertiaires, tend à réduire l'abus des liqueurs, trop commun dans les milieux ouvriers; enfin, la paix dans les familles, une intervention affectueuse pour rapprocher ceux qui se croient ennemis, et la concorde entre tous : tel est le puissant objectif de nos confrères dans leur action extérieure.

Ils s'intéressent aussi des vocations ecclésiastiques et religieuses, pour leur procurer les moyens de se développer et d'atteindre leur objet. L'*OEuvre des Séminaires* leur est confiée pour l'usine (1).

Le Discrétoire se réunit le jeudi qui précède le 1er dimanche de chaque mois, à 1 heure 1/2; il est chargé de gouverner le Tiers-Ordre et de le maintenir dans l'esprit de son institution.

------

(1) Nous avons en ce moment un novice chez les Frères, deux jeunes gens au Grand Séminaire, six au Petit Séminaire, quatre dans une école apostolique; enfin, nous avons fondé un alumnat dans l'usine, il contient trois élèves.

AE — CONFRÉRIE
DE NOTRE-DAME DE L'USINE

(Article 26 des Statuts.)

Réunion le 1er mercredi du mois, a 6 h. 1/2 du soir.

---

63 R. P. AUMÔNIER, *Directeur.*
 1 Le BON PÈRE, *Président.*
90 GÉRARD Joseph, *Conseil intérieur.*
56 SAMBUCCCI François, *Secrétaire.*
 5 PILARDEAU Emile.
10 ESQUI Emile.
33 KOHLER Jean-Baptiste.
91 CONRAD Thiébaut.
46 PECK Edouard.
92 LANOTTE Désiré.
19 ANDRY Emile.
22 PONCELET Edmond.
93 PIERRET Nicolas.

La dévotion à Notre-Dame de l'Usine est née au Val-des-Bois. Après l'incendie de notre établissement, arrivé le dimanche 13 septembre 1874, une statue de la Sainte Vierge, placée sur un modeste socle en bois, fut trouvée intacte avec les frêles dentelles en papier qui entouraient son humble piédestal. Le feu s'était arrêté là, respectant les bâtiments annexes où se trouvaient les machines préparatoires. Cela nous permit de conserver la plus grande partie de nos ouvriers, en occupant les femmes et les jeunes filles aux préparations, tandis que les hommes travaillaient sur des métiers loués dans une filature distante de quelques lieues.

Les nouveaux bâtiments furent bénits par Mgr le cardinal Langénieux, le samedi 28 août 1875, lendemain de la clôture du Congrès de Reims. Quatre cents congressistes, venus à cette occasion, assistèrent à la bénédiction solennelle de la première statue, sous le vocable de Notre-Dame de l'Usine, dans les cours de l'établissement, en présence de toute la famille ouvrière.

Son Eminence poursuivit immédiatement, à Rome, l'érection de l'Archiconfrérie de Notre-Dame de l'Usine, dont le siège fut établi dans la basilique de Saint-Remy. La fête se célèbre à Reims, le dimanche qui suit l'Assomption. Une députation importante de notre Corporation y assiste, avec sa musique instrumentale.

Déjà, dans beaucoup de villes industrielles de France, la dévotion à Notre-Dame de l'Usine a été le point de départ de la réforme chrétienne des ateliers et la source de faveurs nombreuses.

Notre Confrérie est affiliée à l'Archiconfrérie de Reims. Dans notre chapelle, l'autel de Notre-Dame de l'Usine est l'objet d'une dévotion particulière et de témoignages touchants. Les nombreux ex-voto qui couvrent la muraille témoignent la reconnaissance de ceux qui ont été exaucés; au Val, comme partout où la Sainte Vierge est spécialement honorée, la confiance en cette bonne Mère a produit de véritables prodiges. Nous célébrons sa fête le dimanche qui suit le 8 septembre (c'est en même temps l'anniversaire de l'incendie) : le matin, messe de communion générale, puis grand'messe solennelle; à quatre heures, procession dans les ateliers et leurs dépendances; le soir à huit heures, procession aux flambeaux à la grotte de Lourdes, dans le jardin des Sœurs.

Tous les dimanches, à la fin de la grand'messe, on chante le cantique, puis on récite la prière à Notre-Dame de l'Usine (1).

(1) Voici la prière qui est au dos de l'image :

« O Notre-Dame de l'Usine, Mère des Patrons et des Ouvriers, nous vous consacrons aujourd'hui nos personnes, nos familles, nos ateliers et notre patrie.

« Protégez notre travail, défendez-nous contre tous les dangers au milieu desquels nous vivons. Présentez-nous à Jésus, votre divin Fils; offrez-lui nos labeurs, nos souffrances de

Le Conseil se réunit, sous la présidence du R. P. Aumônier, le premier mercredi du mois. Son ordre du jour se divise en trois parties : promouvoir la dévotion à la Sainte Vierge, veiller au fonctionnement des dizaines, et s'occuper des jeunes gens.

La dévotion à la Sainte Vierge est manifestée spécialement par les exercices du mois de Marie, la propagande des images, des médailles et des *Annales de Notre-Dame de l'Usine*.

L'organisation des dizaines est faite pour obtenir des services réciproques et une aide mutuelle constante. Le dizainier accepte de se dévouer aux neuf camarades qui lui sont désignés. Il les convoque pour les réunions, il les renseigne sur l'importance et les avantages des institutions existantes ou à fonder, il leur rend tous les services possibles, soit dans les embarras de la vie, soit dans le travail professionnel ; c'est une hiérarchie d'aide mutuelle, où, librement et avec la discrétion qui donne la valeur aux services, le dizainier se tient à la disposition de ses hommes en toutes circonstances.

Les dizainiers ont des réunions spéciales ; ils sont reliés entre eux par les membres du Conseil intérieur qui, outre leur dizaine, s'occupent chacun de deux dizainiers pour les aider dans leurs fonctions.

Dévouement à la Jeunesse : Les Conseillers consacrent leurs soins à réjouir notre bonne Mère en protégeant la pureté de la jeunesse, fleur suave qui semble chaque jour pour la conversion de nos frères égarés, afin qu'eux aussi apprennent à connaître Dieu, à l'aimer, à le servir. Que les patrons et les ouvriers, sanctifiés par votre miséricorde, retrouvent, dans la restauration des Corporations chrétiennes, l'union et la prospérité qui leur ont été ravies par l'égoïsme et l'impiété.

« O Notre-Dame de l'Usine, notre Mère et notre Souveraine, exaucez nos prières ; et, après nous avoir assistés sur cette terre, recevez-nous dans la patrie bienheureuse. Ainsi soit-il.

« NOTRE-DAME DE L'USINE, priez pour nous. »

6.

n'appartenir qu'au ciel et que Marie est venue apporter sur la terre. Ils prennent souci d'écarter tout ce qui peut entraîner au mal, par exemple des mélanges et des rencontres qui ont échappé à la surveillance, des discours licencieux ou des gestes inconvenants, des journaux immoraux. Ils favorisent les sociétés de récréations honnêtes ; ils suivent les jeunes gens sous les drapeaux pour leur procurer, dans les villes de garnison, des connaissances utiles. Et comme le mariage chrétien est la couronne en même temps que la garantie de la vertu, ils le facilitent autant qu'ils le peuvent, tantôt en intervenant auprès des parents pour lever des oppositions qui ne sont pas justifiées, tantôt en étudiant les moyens de faciliter l'établissement des jeunes filles. Ils étudient les organisations économiques ou d'épargne qui peuvent assurer des dots modestes, mais bien utiles (1). Ils travaillent ainsi à rendre aux familles des services de premier ordre, car l'immoralité de la jeunesse est la douleur et la honte des parents, en même temps qu'elle est le plus grand chagrin des cœurs chrétiens.

(1) Voir, à l'*Association des Enfants de Marie*, l'organisation pour les dots.

AF — ASSOCIATION DU ROSAIRE

(Article 29 des Règlements intérieurs.)

Réunion le 4e mercredi du mois, à 6 h. 1/2 du soir.

---

63 R. P. AUMÔNIER, *Directeur.*
 3 CHAMPION François. *Conseil intérieur.*
52 GUILLOTEAU Hyacinthe. *Secrétaire.*
61 RUDLER Charles.
94 LALLEMAND Pierre.
69 ABRAHAM Constant.
95 DEBLOUDTS Edouard.
96 VERLAINE Jean-Baptiste.
97 LEFÈVRE Isidore.
98 GEORGELET Emile.
70 PIERRET Edmond.

L'Association du Rosaire a pour but de répondre aux demandes pressantes de Léon XIII, par des prières publiques et privées pour l'Eglise et pour la France. Le Conseil se réunit le quatrième mercredi du mois. Il est chargé de la Confrérie, des Catéchismes et des Pèlerinages.

Confrérie. — Elle compte actuellement environ 100 membres parmi les hommes et un plus grand nombre parmi les femmes et les jeunes filles.

Afin d'assurer la récitation constante du Rosaire, au Val-des-Bois, durant la messe, on récite le dimanche trois dizaines et les autres jours deux dizaines du chapelet avec la désignation des mystères. Pendant le mois d'octobre, tous les soirs, à 6 heures 1/2, on récite un chapelet devant le Saint Sacrement exposé, et le dimanche, les vêpres sont remplacées par la récitation du Rosaire entier avec chant.

Les Conseillers forment des escouades pour la récitation quotidienne du Rosaire, par fractions appropriées au temps de chacun. Ils excitent les confrères à célébrer les fêtes de la Sainte Vierge, à assister régulièrement aux exercices du mois d'octobre (au moins suivant la division par salle indiquée à l'Association d'hommes). Ils propagent les écrits et images qui ont trait à cette dévotion, notamment les feuilles de mystères. Ils organisent la distribution des billets du Rosaire perpétuel envoyés par l'Apostolat de la Prière.

Chaque mois, une réunion à la chapelle permet à l'Aumônier d'instruire ses auditeurs sur les avantages du Rosaire, de recevoir les nouveaux associés et de fournir des chapelets rosariés à ceux qui en ont besoin.

Catéchismes. — S'inspirant de l'esprit qui a présidé à l'établissement du Rosaire par saint Dominique, le Conseil s'attache à propager l'enseignement de la religion en stimulant la vigilance des parents pour l'exactitude des enfants aux catéchismes organisés (1), en se faisant eux-mêmes les catéchistes des jeunes gens qui nous arrivent sans avoir fait la première communion (2). Tous les trois mois, un examen public à la chapelle devant les parents permet au Conseil de récompenser ceux qui savent le mieux.

Pèlerinages. — Le Conseil s'occupe aussi des moyens de faciliter les Pèlerinages à Notre-Dame de Liesse, à Lourdes, et spécialement à Rome. Pour ce dernier, des souscriptions sont organisées pour arriver à compléter la moitié des frais augmentés du salaire, afin que la famille n'en souffre pas. Le pèlerin doit économiser la moitié de ce total. C'est ainsi que nous avons pu conduire à Rome 17 hommes en 1887 et 19 en 1889.

---

(1) Petit catéchisme, de 7 à 9 ans; — catéchisme de première communion, de 9 à 11 ans; — catéchisme de persévérance, de 11 à 16 ans.

(2) Cette année, nous en avons eu six de 16 à 22 ans.

Le Conseil, interprète de la reconnaissance des ouvriers pour les tendresses paternelles dont Sa Sainteté Léon XIII n'a cessé de les combler, n'échappe aucune occasion d'envoyer au Saint Père les vœux de sa piété filiale.

AG — CONFRÉRIE DE SAINT-JOSEPH

(Article 26 des Statuts.)

Réunion le 2e mercredi du mois, à 6 h. 1/2 du soir.

---

63 R. P. Aumônier, *Directeur.*
2 Harmel Félix, *Président.*
51 Cher Frère Directeur.
9 Gentilhomme François.
30 Sacotte Léon, *Secrétaire.*
8 Varlet François.
45 Magis Maximilien.
31 Thiry Remy.
99 Vincent Joseph.
18 Nollet Jean-Baptiste.
100 Hotton Alexandre.
48 Lecoq Léandre, *Conseil intérieur.*
75 Martin Jules.

Saint Joseph a toujours été honoré d'une façon particulière au Val-des-Bois. Dès 1864, il avait un petit noyau de fidèles. C'est presque la première dévotion que les ouvriers aient adoptée, et ils y sont restés fidèles. La Confrérie a été affiliée le 24 novembre 1864, à Beauvais.

Son Conseil se réunit le deuxième mercredi du mois, à six heures et demie du soir. Il se propose une double action, religieuse et sociale.

Au point de vue religieux, les Confrères s'emploient à développer le culte de leur saint patron, dans les salles de travail et de réunion aussi bien que dans les familles, spécialement durant le mois de mars. Ils propagent les images, livres, annales qui ont trait à cette dévotion. Dans les réunions bi-mensuelles à la chapelle, l'Aumônier reçoit les confrères, impose le cordon et rappelle les indulgences nombreuses qu'on peut gagner. Les exercices quotidiens du mois de mars réunissent tous les soirs une grande quantité d'hommes.

Au point de vue social, les Conseillers s'occupent de la

sanctification des foyers et du travail. Enseignés par l'Aumônier sur la dignité de l'autorité paternelle et ses devoirs, sur la nécessité de la vigilance maternelle et de la soumission des enfants, sur les fruits de la prière du soir en commun, sur les douceurs de la paix et de l'amour au foyer, ils propagent ces idées soit de vive voix, soit par de petits tracts spéciaux. Ils s'intéressent discrètement des maisons où ne se trouvent ni crucifix ni images pieuses, pour en offrir gracieusement. Ils se font un devoir d'honorer et d'aider les nombreuses familles, soit par eux-mêmes, soit par les institutions établies (1). Ils veillent aux traditions familiales religieuses : présentation des enfants, fête de la première communion, réception solennelle dans les Associations, messe de départ des conscrits, avec le concours de tous les ouvriers qui, à un titre quelconque, sont susceptibles d'appartenir à l'armée, souvenir aux jeunes époux, livret de famille religieux, messe du lendemain pour les mariés, messe dans la semaine qui suit un décès, au jour convenable pour la famille, et recommandise pendant une année au prône du dimanche.

Pour la sanctification du travail, la prière récitée chaque dimanche à la grand'messe après la consécration résume le programme du travailleur chrétien, en montrant combien sa vie de labeur peut être féconde pour la réparation (2). Le Conseil veille à ce que la prière du

---

(1) La coutume veut qu'un des patrons soit parrain du dixième enfant.

(2) Acte de réparation :

« Chaque jour, ô mon Dieu, les pécheurs, par leurs crimes, diminuent, autant qu'il est en eux, votre gloire et votre bonheur accidentels ; en même temps, ils se font à eux-mêmes un mal qui serait irréparable, si vous ne veniez à leur secours.

« Par une admirable condescendance de votre bonté infinie, dont nous vous louerons toute l'éternité, vous avez bien voulu nous associer à la grande œuvre réparatrice de ce double mal. Nous nous y consacrons tout entiers.

« Par des communions réparatrices, nous vous consolerons de l'abandon où vous languissez.

« Par l'assistance à des messes non obligées, nous vous dematin à l'atelier soit suivie, il encourage la pratique du signe de la croix avant la mise en train, l'habitude de faire brûler des bougies ou des veilleuses devant les statues qui existent dans chaque salle. Quand les yeux du travailleur rencontrent l'image sacrée, l'âme s'élève vers le Ciel à travers le plafond de l'atelier, et les espérances éternelles illuminent et échauffent les cœurs.

manderons la conversion de ceux qui, par négligence, n'y assistent pas le dimanche.

« Nous prierons durant notre travail pour ceux qui ne vous prient pas.

« Enfin, nous vous offrirons nos souffrances pour ceux qui vous refusent leur cœur.

« Nous savons que nos actions n'ont par elles-mêmes aucune valeur, mais nous les ferons passer par votre cœur adorable, bien-aimé Jésus; vous les purifierez, et elles acquerront une valeur infinie par leur union à vos actions, à vos souffrances et à votre mort, ô Verbe incarné, fondement unique et nécessaire de toute réparation.

« Pardonnez nos infidélités et nos ingratitudes; permettez que, prosternés devant vous, nous vous fassions spécialement amende honorable pour les scandales, les blasphèmes et les crimes de tous genres qui se commettent dans les ateliers où vous n'êtes pas connu.

« Venez au secours de nos frères, jetés par la nécessité dans ces vestibules de l'enfer où les âmes se perdent si facilement. Suscitez des apôtres de l'usine, que l'atelier redevienne chrétien, que votre nom y soit connu et respecté. Que l'ouvrier vous retrouve, et avec vous le bonheur, la joie de la famille, et le remède aux maux si nombreux qui sont venus fondre sur lui depuis qu'il s'est éloigné de vous!

« Et afin que cette réparation vous soit plus agréable, nous la faisons en union avec Marie, votre sainte Mère, qui, en s'associant à vos souffrances au pied de la croix, est devenue la Réparatrice de sa race et la Mère des Chrétiens. Ainsi soit-il. »

AII — APOSTOLAT DE LA PRIÈRE

(Article 26 des Statuts.)

Réunion le 2e jeudi du mois, à 6 h. 1/2 du soir.

---

63 R. P. Aumônier. *Directeur.*
81 Harmel Jules, *Président.*
51 Cher Frère Directeur.
37 Béchard Athanase, *Secrétaire.*
11 Jolivet Alfred, *Conseil intérieur.*
13 Charlier Jules.
101 Winé Joseph.
102 Gravisse Constant.
43 Hallet Gustave.
103 Incoul Odulphe.
68 Gillet Théodore.

L'Apostolat de la Prière a été établi au Val-des-Bois le
6 mars 1864. C'est la *Ligue du Cœur de Jésus,* auquel les
membres se consacrent et dont ils propagent la dévotion.
Le Sacré-Cœur a toujours été le patron de la famille;
c'est sous son vocable qu'est placée la chapelle; sa statue
domine l'autel principal, les petits vitraux et la rosace
en représentent les emblèmes. A l'occasion du deuxième
centenaire des Révélations de Paray-le-Monial, chacune
des Associations fondamentales a été successivement consacrée au Sacré-Cœur. Les associés ont été préparés par
un triduum; ils répétaient ensemble, avant la communion, une formule appropriée à la situation familiale du
groupe. Tout le mois de juin 1889 a été employé à ces
cérémonies touchantes qui se sont terminées le dimanche
7 juillet par la consécration solennelle des patrons, des
ouvriers et de l'usine, devant le Saint Sacrement exposé
sur un reposoir dans le plus vaste des ateliers. Des
plaques rappelant cet événement sont placées sur les

portes de toutes les habitations qui sont mises ainsi sous la protection du Sacré Cœur (1).

Le Conseil se réunit le deuxième jeudi du mois, à six heures et demie du soir, sous la présidence de l'Aumônier. Il s'occupe de la dévotion au Sacré Cœur, de l'Association intime, de la Chapelle et de la Ligue des Retraitants.

Dévotion au Sacré Cœur. — Le Sacré Cœur est le Roi et le Maître de l'usine, de la Corporation et des familles ; le vendredi, jour de sa fête, il y a le matin messe basse avec chants, et le soir salut solennel ; ensuite, adoration nocturne et diurne du samedi soir au dimanche soir ; enfin, huit jours après, procession du Saint Sacrement où l'on renouvelle la consécration générale au Sacré Cœur, au reposoir établi dans l'usine. Les exercices quotidiens du mois de juin sont suivis comme ceux des mois de mars et de mai. Le premier vendredi de chaque mois donne lieu aux plus touchantes manifestations de dévotion au Sacré Cœur : communions nombreuses, amende honorable devant le Saint Sacrement exposé, salut solennel.

L'Association intime est ainsi nommée parce qu'elle garde entre ses membres une discrétion qui nous a paru nécessaire pour conserver au sacrifice tout le parfum de sa spontanéité. Elle est composée des âmes géné-

---

(1) Modèle de la plaque commémorative :

reuses qui s'offrent en victime volontaire pour le salut
des ouvriers. Il n'y a aucune témérité dans cette
offrande ; ce n'est en somme que la parfaite et volontaire conformité à tout ce que Dieu désire de nous (1).
Nous en avons obtenu les fruits les plus touchants ; tantôt des obstacles infranchissables se sont aplanis d'une
façon providentielle, tantôt les conversions les plus difficiles ont paru se produire spontanément. Quant aux
associés, l'expérience nous permet de leur affirmer que
ceux qui veulent bien achever en eux-mêmes ce qui
manque à la passion de Notre Seigneur, pour le salut de
leurs frères, peuvent être assurés de mourir dans une
joie surnaturelle qui change la plus grande douleur
d'ici-bas en une ineffable consolation.

La Chapelle. — Par les soins du Cardinal Gousset et
de ses vénérables successeurs, la chapelle a été dotée
des priviléges nécessaires pour la sanctification des ouvriers (2).

(1) Acte d'Offrande :
« O mon Dieu, permettez-moi de vous offrir mes souffrances et ma vie pour le salut des âmes, spécialement pour les
membres de ma famille et pour la conversion des ouvriers.
« Dans ces intentions, je m'engage à vous demander chaque
jour de m'accepter comme victime volontaire, et de me conduire selon votre bon plaisir, par la voie des croix et des
souffrances, à la suite de votre divin Fils.
« Cœur agonisant de Jésus, victime d'amour pour nous, dai-
gnez m'unir à vos saintes dispositions, surtout au jardin des
Oliviers et sur la croix, et m'offrir avec vous en holocauste.
« Cœur compatissant de Marie, soyez-moi propice. »

(2) Lettre du Cardinal Gousset à M. le Curé de Warmériville :
« *Reims, le 6 novembre 1865.*
« MONSIEUR LE CURÉ,
« Lorsque j'ai autorisé la famille Harmel à construire une
chapelle, au centre de son vaste établissement du Val-des-Bois,
mon intention a été de faciliter à la population ouvrière qui s'y
trouve agglomérée l'accomplissement de ses devoirs religieux.
« C'est donc une chapelle de secours proprement dite, dans

Le dimanche, messe de communion à six heures et demie : chants, lecture de l'Evangile, petite instruction, trois dizaines du chapelet, prières avant et après la communion, à haute voix et ensemble. Grand'messe à neuf heures : lecture de l'Evangile au prône où sont recommandés les ouvriers sous les drapeaux, les malades, les morts; sermon approprié à l'auditoire; pain bénit à tour de rôle; lecture de l'acte de réparation (voir à la confrérie de Saint-Joseph). A cinq heures, vêpres de la Sainte-Vierge et salut. Les chants sont exécutés un verset par les hommes, un autre par les femmes et les jeunes filles, avec un entrain qui donne à nos offices un, attrait particulier; aussi les assistants sont-ils toujours nombreux. En semaine, messe à sept heures, avec communion professionnelle, assistance des enfants de l'école et des personnes qui le peuvent; prières à haute voix tour à tour par les petits garçons et par les petites filles, deux dizaines du chapelet; le soir, prière; exercices quotidiens pendant les quatre mois de mars, mai, juin, octobre; saluts de carême et de fêtes de semaine.

laquelle on peut satisfaire à l'obligation d'entendre la messe les jours de dimanches et fêtes, recevoir les sacrements de pénitence et d'eucharistie, remplir le devoir pascal, catéchiser les enfants et les admettre à la première communion.

« Le chapelain attaché à cette chapelle est chargé de tout le service.

« Toutefois, les baptêmes, mariages et enterrements des personnes appartenant à l'établissement sont réservés à M. le Curé de Warmériville; c'est à lui de décider s'ils doivent se célébrer dans cette chapelle ou dans l'église paroissiale. Il doit présider lui-même ou déléguer quelqu'un pour le remplacer.

« Cette lettre sera conservée dans les archives de la paroisse pour y avoir recours en cas de besoin.

« Recevez, MONSIEUR LE CURÉ, l'assurance de mon très affectueux dévouement.

« † THOMAS, Card. GOUSSET, Arch. de Reims. »

Ces concessions ont été confirmées à Rome par le rescrit du 19 septembre 1873 et par celui du 15 mars 1880.

La chapelle rend des services nombreux et importants que l'expérience seule peut faire connaître et comprendre. Un des principaux est la *confession pendant le travail*. On sait quelles difficultés presque insurmontables rencontrent les ouvriers d'usines pour se confesser après la journée. S'ils sont nombreux, ils sont condamnés à passer la plus grande partie de la nuit dans une église froide, après un travail accablant dans une atmosphère brûlante. La chapelle d'usine permet de confesser tout le monde durant le jour, sans que la production en souffre ; et quand la cloche du soir annonce la fermeture des ateliers, des centaines d'ouvriers et d'ouvrières ont pu se confesser commodément pour eux et pour les prêtres dévoués à ce ministère. Nous ne pouvons dissimuler que c'est à cette facilité que nous devons attribuer les nombreuses communions qui réjouissent nos cœurs et les vocations tardives qui, de temps à autre, se font jour dans notre personnel.

Les retraites pascales et autres se font également pendant et aussitôt le travail, sans perte de salaire et sans fatigue réelle. La communion pascale des femmes un jeudi et des hommes un dimanche réunit presque tous les ouvriers, même ceux qui n'appartiennent pas aux Associations. Enfin, tous s'associent aux inquiétudes et aux douleurs de chacun, par les neuvaines et les prières faites à la chapelle pour les malades et les morts, comme pour les besoins divers que les familles désirent recommander.

La première communion à la chapelle est une des faveurs les plus appréciées par les familles ouvrières. L'acte le plus important de la vie s'accomplit dans les conditions touchantes qui sont ordinairement le privilège des classes aisées. Une retraite de cinq jours, durant lesquels les enfants sont complétement soustraits au milieu habituel, forme une bonne préparation dans un recueillement si difficile à cet âge. La messe basse de première communion a lieu à sept heures et demie du matin ; on n'y entend que les voix fraîches et pures des enfants chantant des cantiques, ou prononçant ensemble les prières habituelles. Cette année, quatre garçons en retard (ils avaient de seize à vingt et un ans) se sont mêlés aux petits communiants, avec une simplicité familiale que la chapelle rendait naturelle. Plus de trois cents parents accompagnaient leurs enfants à la Sainte Table. Chaque famille avait ses places réservées, suivant le nombre de ses membres, de façon que tous puissent suivre les communiants des yeux comme du cœur.

A dix heures, l'Harmonie conduisait processionnellement les enfants à la chapelle ; la Chorale et la Symphonie faisaient entendre une messe brillante et pleine d'allégresse. Après midi, aux vêpres, chapelle comble par les parents, heureux de retrouver leurs places réservées. Toute l'assistance, les mains levées, renouvelle avec les enfants les promesses du baptême. La proximité de l'usine permet à tous les parents, même à ceux qui sont obligés de travailler, d'assister à la messe d'actions de grâces du lendemain.

Quand on a vu ces émouvantes cérémonies, on comprend les bienfaits que nos Archevêques ont procurés aux ouvriers par cet insigne privilège.

La **Ligue des Retraitants** a été fondée en 1888; elle est formée de ceux qui ont été au moins une fois en retraite fermée de trois jours à Braisne (Aisne). Elle compte actuellement 56 membres qui se réunissent tous les mois. Les retraites fermées ont pour effet de surnaturaliser les ouvriers, de leur faire comprendre l'importance de leur salut et la nécessité du dévouement. Le Conseil s'efforce d'entretenir ces bonnes dispositions et de soutenir les résolutions prises : la communion mensuelle et l'apostolat mutuel.

Qu'il nous soit permis, en terminant ces Notes, de rendre grâces à Notre Roi Jésus-Christ. Lui seul a révélé au monde les splendeurs de la dignité humaine et les douceurs de la solidarité. Partout où Il ne règne pas, l'homme est méprisé par l'homme, les faibles sont opprimés par les forts. Dans la mesure où Son règne baisse parmi nous, dans cette mesure monte le mépris de l'âme humaine et se multiplient les scandaleuses violations de la justice dont nous sommes les témoins. Par contre, on a pu le constater dans les villes où on a essayé, la restauration du règne social de Jésus-Christ dans les ateliers a rétabli : entre les patrons une fraternité inconnue auparavant, entre les ouvriers la plus tendre charité, enfin, entre patrons et ouvriers une familiarité chrétienne mêlée de respect, mais surtout de confiance et de dévouement réciproque.

Le monde du travail tend à devenir un brigandage, où les patrons concurrents s'écrasent entre eux ; où les ouvriers sont opprimés par quelques meneurs qui se prétendent leurs sauveurs ; où les éléments de la famille ouvrière, patrons et travailleurs, luttent avec acharnement dans une guerre fratricide.

Gloire à Jésus-Christ, émancipateur de l'humanité, glorificateur du travail manuel, dont Il a révélé la dignité et l'importance. Proclamons nôtre la devise des Conférences populaires de Reims :

CHRIST ET LIBERTÉ.

21 septembre 1890.

TABLE DES MATIÈRES

II

Institutions Corporatives et Économiques

III

Sociétés de Préservation

IV.

Œuvres de Piété

45101 — Imp. de l'Archevêché (N. Monce, dir.), rue Placho, 24, Reims.

www.ingramcontent.com/pod-product-compliance
Lightning Source LLC
Chambersburg PA
CBHW071228290326
41931CB00037B/2373